ずるい話し方

ココロ社

三笠書房

はじめに

無駄に戦わずに、ラクして成果を上げる「話のもっていき方」を伝授する本

こんにちは。ココロ社です。

たまたま書いたブログの記事がきっかけで「仕事に役立つコミュニケーション術の本を」というご依頼をいただき、この本を書かせていただくことになりました。

わたくし、大学では近現代の日本文学を専攻していて、将来は国語の先生になろうかなどと考えていたのですが、堅い職業はちょっと向かないかもと思い直し、小さなゲーム会社で、テレビゲームのプランナーをすることから社会人生活を始

めました。

二本ほどゲーム作りに参加させてもらったのですが、ふと、「大企業というものを経験するのもいいかも」と思って大手出版社に転職しました。今はその会社で、ごく普通のサラリーマンをする傍《かたわ》ら、ブログを書いたり、連載の記事や書籍を書いたりしながら暮らしています。

今はそこそこ順調に仕事をしているのですが、新人のころは大変でした。

たとえば企画書です。「東大で国文学を専攻していたし、日本語力には自信あり！」と思っていたのですが、書き直しても書き直しても「何が言いたいのか、わからない」と何度もつき返される日々が続いていました。しかも、似たような内容にもかかわらず、ほかの人はほめられていたり……。

しかし、ある日、ほめられている人を観察して気づきました。その人は、企画書の内容ではなく、**「話のもっていき方」が優れている**、ということです。

それまで、若かったわたしは、

「話のもっていき方などに注意を払うのはずるい。緻密《ちみつ》なマーケティングに基づき、戦略や戦術について、正確に記述するのが企画書なのである！」

と肩に力が入りまくっていたのですが、冷静に考えてみれば、話のもっていき方を工夫するのは、ずるい手でも何でもありません。お客さんに物を売るときには、タイミングや話のもっていき方に細心の注意を払うべきですが、会社の内側でもそれは同じことなのです。

そこに気づいてからは、仕事がスムーズに進むようになり、また、会社員としての仕事だけでなく、連載や取材などのお話もいただけるようになりました。

この本は、かつてのわたしのように、コミュニケーション力に不安を持っていらっしゃる方のために書かせていただきました。

仕事を円滑に進めるためのコミュニケーション力なんて考えると身構えてしまいそうですが、実はこれは、数学に出てくる公式と同じで、学習すれば必ずわかるようになるものです。心構えや人間性とはあまり関係のない、シンプルなテクニックなのです。

職場の人間関係、仕事の進め方などに関するみなさまのお悩み解消に、少しでもお役に立てれば幸いです。

ココロ社

もくじ　MOKUJI

2章

あえて「言い負かされる」作戦
――損して得を取る「大人の日本語」

3章 「手堅く評価を得る」メール術
――対面が苦手な人こそ知っておきたい「大人の日本語」

4章

「やっかいごと」を巧みにかわす戦略
――トラブルを未然に防ぐ「大人の日本語」

5章

うかつに「地雷」を踏まない話し方
——うっかり失言&暴言で損をしない「大人の日本語」

6章 それとなく「努力の跡」を見せておく
——ずるいくらい好印象になる「大人の日本語」

1章

感じのよさは「最強の武器」

──消耗せずに仕事が進む「大人の日本語」

1 「ものの言い方」で大きく差がつくという事実

なかなか景気のよい話を聞かない今、「不景気なときこそ攻めの姿勢が大事。ビジネスモデルの抜本的革新を！」と鼻息も荒くしておっしゃる方がいます。

たしかに、耐用年数を超えたビジネスモデルにしがみついていても、業績不振から抜け出す抜本的な対策にはならないでしょう。

しかしそれは、あくまでも経営者の立場での見方にすぎません。

ごくごく普通のサラリーマンにとっては、「リスクを取って斬新なアイデアを提案する」ことより、まずは「絶対に失敗しない手堅い仕事をする」ことのほうが重要なのではないでしょうか。

そして、その願いをかなえるのは、さほど難しいことではないのです。

自分の立場があやうくならないような手堅さを最優先にした場合、最も重要なのは、仕事のスキルでもなく、斬新な発想力でもなく、リーダーシップでもありません。

とりあえず**「ものの言い方」の技術を磨いておく**ことが何より大切なのです。

さっそく、「ものの言い方」がいかに重要であるかを説明させていただきたいと思います。

◆仕事のスキルがあるのに評価されない人

たとえば、AさんとBさんが、伝票の金額を同じように間違え、それを上司に指摘されたと仮定しましょう。

Aさんの場合

上司「この伝票の数字、一桁違ってるよね？」

A「あ、ウソ書いちゃいましたね……」

上司「仕事でウソつかないでよ……」

Bさんの場合

上司「この伝票の数字、一桁違ってるよね？」

B「申し訳ありません、すぐ直します。次からは確認のプロセスをもっと増やします」

上司「そんなに急がなくても大丈夫、よろしくね」

AさんとBさんは、同じように伝票の数字を間違えました。

ミスの数は一つで、また二人とも、指摘を受けて数字を直すだけなので同じことをするはずですが、それを注意されたときに返した言葉によって、上司が抱く印象に大きく差がついてしまいました。

　仮に、口にした言葉に反して、やり直した伝票の数字を、Aさんが念入りに確認し、Bさんが空っぽの頭で確認していたとしても、やはり印象がよいのはBさんのほうでしょう。Aさんの「言い方」が毎日この調子であれば、役立たず扱いを受けてしまうかもしれません。

　Aさんのように、仕事そのもののスキルではないところで損をしている人がいる一方で、Bさんのように、**「仕事そのもののスキルではないところで得をしている人がいる」**と言えるのです。

◆「感じのよい日本語」という最強の武器

　しかし、この重要な「言い方」の問題ですが、学校教育や社員教育ではあまり重視されません。

「正しい日本語を使いましょう」と教わるだけで、「文法的に正しいかどうかはさておき、感じのよい日本語を使いましょう」とは教わらないからです。

言い方によって得をしたり損をしたり、というのは、タテマエ上はないことにされているのです。

ただし、そのタテマエが茶番であると告発することは、少なくとも教育上は意味がないと思います。

若いうちから、「正しい日本語」と、「感じのよい日本語」という二つの異なった観点から日本語を教えてしまうと、かえって混乱してしまうからです。

要領のいい人は、伝えている内容が同じでも、言い方次第で先生に怒られる度合いが違うことを体得していくことでしょう。

また、企業の研修においても、挨拶《あいさつ》の方法や社会人としてのマナー、接客の技術については学びますが、ミスをしたときにどう振る舞えば上司の心証を悪くしないかについて学ぶことはありません。

なぜなら、同じ事実を表現するにあたって、言い方の問題で上司の機嫌がよくなったり悪くなったりというのは、タテマエ上はないことになっているからです。また、口先だけでうまく立ち回ろうというのは、あまりよくないこととされています。

しかし、**「言い方」で大きく差がつくのは事実**です。

要領のいい人は、人が怒られているのを見て「ああ、こういう言い方は心証を損《そこ》ねるのだな」と学習しているのです。

さきほどの例ですと「ウソ書いちゃいました」は、ないですよね。

状況によって、使うと好印象な言葉と、印象を悪くする言葉があるのですが、それは不文律になっていて、不適切な言葉を使うと「空気を読め」と言われるばかりなのです。

②
ボトルネックになってしまう言い方

たとえば、仕事を能率よくこなそうとして新しいやり方を試したとしましょう。

しかし、その仕事で成果を出すにあたっては、必ずどこかでコミュニケーションが発生します。

たとえば、一日に五つの画期的かつ現実的な企画を思いつける能力が備わっている人がいたとします。

しかし、五つの企画の一つひとつを、すべて上司の機嫌がよろしくないタイミングで持っていってしまったとしたらどうでしょう。その企画はボツにされ、その日の成果はゼロになってしまいます。

逆に、話のもっていき方がうまい人の平凡な一本の企画のほうが通りやすいかもしれません。

結局、いかに素晴らしいアイデアを持っていたとしても、「言い方」がまずければ、客観的に見て「現実的なアイデアが出せない人」になってしまいます。

逆に、「そこそこのアイデアが出せる人」というのは、「持っているアイデアをそれなりの『言い方』で伝えられる人」と言い換えられます。

◆人はめんどくさがりだから「表面上」が大事

また、「言い方」が大事なのは、**人は他人にさしたる関心を持っていないものなので、言い方くらいしか気にしない**からという理由もあります。

恋愛の例で考えてみましょう。

棒読みで一日一回「愛している」と言う男と、相手のことが好きで好きでしょうがないけれど、気持ちを外に出すのが苦手で、「愛している」とは一言も言わない男。この二人のうちのどちらが女性から愛されるかと考えると、前者ですよね。

自分の内側にどんなに熱い気持ちを持っていようとも、それを相手に伝えるためには、何らかの形でその気持ちを表に出さなくてはなりません。

その点を考えると、愛の告白が棒読みだった人も、棒読みとは言えど、「気持ちを外に出す努力をしている」ということで愛されるのでしょう。

濃密なコミュニケーションが求められる恋愛ですらそうなのですから、会社でのドライな人間関係であるなら、なおさら、「表面上のこと」（言い方）を重視することでうまくいくはずです。

◆「言い方」がまずいだけで余計な仕事が増える

「言い方」がまずい人が職場にいる場合、これまでは「性根《しょうね》を叩き直す」という手法がよく用いられてきました。

しかし、「根本的な心の持ち方を叩き直す」のは簡単ではありません。

また、どのように性根を叩き直せば、言い方にどのような変化がもたらされるのか、因果関係も不明瞭です。

単に「責める側の攻撃欲求が満たされるだけ」の結果にもなりかねません。

そこで、シンプルに考えることにしてみます。

ひとまず、**表面的であるのは承知の上で「言い方を変える」とか「行動を変える」**のはどうでしょう。

性格をガラッと変えられるのであればそれに越したことはありませんが、変えるのがつらいというならそのままで大丈夫。根本的な心の持ち方については問わず、結果として出てきた言葉がまともであればOKと考えるのです。

逆に、性根が叩き直されたはずなのに、結果としてまともな言葉が出てこなければ、結局のところ、相手が受ける印象はそれまでと変わりません。そして、結果を出すよう、いっそうの努力が必要になるというわけです。

③ 自分のキャラ設定はあざとく行なう

「第一印象は人格のイメージの大部分を占めており、第一印象をよくするために努力すると、大きく差がつく」という真理が人間関係においては存在します。

しかしそれを、学校で明示的に習うことはありません。

なぜなら、心証をよくしようとする努力は、教育が目指している理想社会においては不要なものだからです。

良心や理解力、忍耐力の豊かな人たちによって構成される理想社会においては、すべての人間が理性的に振る舞うため、第一印象ごときで、その人の人格のすべてが判断されるなどということは、あってはならないのです。

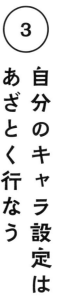

仮にそれが真実で、「人は、他人の話を最初から最後まで聞き、すべての言葉を好意的に解釈してくれる」というのであれば、第一印象など特に気にする必要はないはずです。

多少下手を打ったとしても、何度でもこちらの話を聞いてくれるのであれば、挽回《ばんかい》のチャンスが無限にあるからです。

しかし、タテマエはタテマエ、ホンネはホンネです。

自分自身が他人に対して思っていることを考えると、この話も無理もないと納得するはずです。

なぜなら、他人の言っていることを最初から最後まで聞き続けるのは大変苦しいものだからです。しかも時間は有限ですから、人は、自分が大事にしたい人に時間をさきたいと思うものでしょう。

第一印象が重要なのは、**いったん抱いた印象を後から変えるのはとても難しい**

からです。

「第一印象を変える」ためには、相手の頭にある自分の情報を書き換えることが必要になります。

しかし、「情報を書き換える」という作業は面倒なので、「できれば書き換えずに済ませたい」というのが普通の人の考えです。

つまり、あなたの第一印象を好意的に書き換えてくれる人は、よっぽどの人格者か、あるいは暇な人でしょう。


第一印象とは、小説の書き出しの、主人公の登場シーンのようなものなので、そこで伝えるべきことを伝え、レールを敷いた上で人間関係を深めていくのがスマートなやり方と言えるのです。

要は、相手に考える負荷をなるべくかけないように、**スムーズなキャラクター設定を行なうことが重要**なのです。

◆イメージ戦略は「先手必勝」で

たとえば今、**「自分を一言で表現してください」**と言われたら、あなたは何と答えますか？

「そんなぁー！　一言でなんて無理！」と思う人が大半かと思います。

たしかに世界で一人しかいない大切な自分を、一言で表わすなんて、とても乱暴なことかもしれません。

しかし、「通勤電車で向かいに座っている人を一言で表現してください」と言われたら「髭《ひげ》が濃くて耳毛が生えてそう」とか、「美形だが肌が汚い」とか、適当に答えられますよね。そう、残酷なほど適当に……。

ここで頭の中に銘記《めいき》していただきたいのは、「人は、他人のことをものすごく適当な言葉にまとめて記憶している」ということです。

自分が持っている他人に対する印象について考えてみればわかりますが、人間なんて、自分以外のことにはほとんど関心がないから、ものすごく適当にレッテルを貼るわけです。

もし、第一印象でネガティブなレッテルを貼られてしまったら、それ以後は見向きもされません。

そんな事態に陥る前にすべきことは、

「妙なレッテルを貼られる前に、自分からレッテルを用意し、出会い頭《がしら》に相手に叩き込む」こと。

タレントでなくても、**イメージ戦略やセルフプロデュースはとても大事**。先手必勝なのです。

④「声をかけてもらいやすい人」になる自己演出

もちろん、セルフプロデュースは、リスク回避のためだけにするものではありません。

たとえば**社内でキャラクターを立てておくと、声がかかりやすい**というメリットがあります。

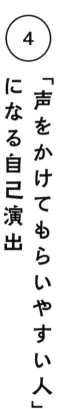

自分の得意分野であると周囲に認知されている仕事だったら、「やっぱりこれは彼にやらせよう」という話になりますよね。

その構造は、たとえばテレビ番組で「水族館の特番をやろう……ナビゲーターは……やっぱり、あの人かな」と声がかかる仕組みとまったく同じと言えるでしよう。

「別に声なんかかけてもらえなくても……出世とかする気ないし」というのであれば、それはそれで、そのようなセルフプロデュースができていることが望ましいものです。

また、自分の苦手分野について上司や同僚が知っているとすれば、失敗してほしいと思って仕事を割り当てる人はいないので、自分が得意な仕事だけが回ってくるようになります。

「いかにも」という雰囲気を醸し出す

それでは、セルフプロデュースの詳細について考えていきたいと思います。

基本姿勢は、**「いかにも」というくらいのキャラクター設定をする**ことです。

たとえば、「色白でメガネをかけている人」は、数学ができそうなイメージがないでしょうか。

色白で洒落《しゃれ》っ気のない黒ぶちのメガネをかけている人は、偏差値の高い大学の理系というイメージかと思います。

その人がどこの大学で何を学んできたかについて聞かなくても、見た目だけで「頭がよさそう」「理路整然としていそう」というイメージを与えられます。

また、「短髪で口角が上がっている人」からは社交的なイメージを受けますから、「すぐに人のふところに入れそう」「コミュ力が高そう」というイメージを持ってもらえます。

このように「いかにも」というイメージがあると、どういう仕事が向いていそうかの連想もわきやすいので、スムーズに配属も決まります。

テレビに出てくるタレントがしているように、既存の類型に自分をかぶせていくのがセルフプロデュースの王道なのです。

その具体的な方法について見ていきましょう。

①「見た目」を利用する

体型から想像できる性格というものがあります。

たとえば、ふっくらしていると、「気取っていなくて心が広い」というイメージを持たれがちです。

実際は必ずしもそうではない場合もありますが、いい人であることを期待されることが多いようです。その期待通りに、いい人らしく振る舞っておくと好感を持ってもらえ、印象に残りやすいでしょう。

ちなみに、わたしは垂《た》れ目でありながら実際は特に性格がよいわけでもないのですが、デフォルトを笑顔に設定し、「いい人キャラ」で売ることにしています。

わたしのことをよく知らない人には「あの人は本当にいい人で……」と言われることが多くあります。

「あの人とはほとんど口を利《き》いたことがなかったのに、どうしてわたしの人柄について評価してくださるのだろう」と思ったりもしますが、それは、外見を用いたセルフプロデュースが成功しているからなのです。

②出身地を利用する

「自分の出身地域のイメージ」と「自分が伝えたい自分のイメージ」が合っている、しっくりきている場合は、出身地域を強調するようにすればよいでしょう。

例を挙げると、大阪出身者の全国的なイメージは、「ホンネをずばずば言う」でしょう。

まさに「ホンネをずばずば言う」タイプの大阪出身者は、関西弁で話していくほうが相手に持ち味が伝わりやすいはずです。

反対に、理詰めで仕事を進めていくタイプの大阪出身者は、関西弁よりも標準語で話すほうが自分のイメージが伝わりやすいでしょう。

「自分の出身地」と自分のイメージがあまり合わないのであれば、出身地を強調したり、方言で話したりというのは避けたほうがよいのです。

③欠点はポジティブに言い換える

人類の長い歴史の中で培《つちか》われてきた、「欠点をポジティブに言い換える」というライフハック（仕事の効率を上げるための工夫、取り組み）。

基本的な性格というのはなかなか変わらないものなので、自分の欠点については、「よい感じの言葉」に適当に言い換えて、内外に示していくのが精神衛生上よいかもしれません。

たとえば定番なのが、口下手なのを「物静か」とか「思慮深い」などと読み換えさせる方法。

容姿がパッとしないタレントを「実力派」と言うのにも似ていて、姑息《こそく》な気がしますが、冷静に考えてみてください。

少なくとも「容姿がパッとしない俳優」と言うより、「実力派」と言うほうが印象がよいというのは真実だと思います。

次の例のように、どんな欠点もポジティブに言い換えることができます。

言い換えの例

・不器用→誠実
・口下手→思慮深い
・がさつ→表裏がない
・細かいことが苦手→おおらか
・細かい→こだわりを持っている

このように「言い換え」はいくらでも可能なので、「もう直せない」と思った自分の欠点は、開き直って適当によい言葉に置き換え、宣伝をしていけば、好感度はアップします。

④不得意分野は事前にアピール

どんな仕事をお願いしても「できません」と返す人は論外としても、自分ができない仕事は、なるべく回ってこないようにしたいものです。

しかし、だいたいお願いされた時点で、NOという権利は事実上ない場合が多く、「まあまあ、そんなこと言わないで」と懐柔《かいじゅう》されるのが関の山です。

大事なのは「検討の俎上《そじょう》に載らないようにすること」。ですから、ことあるごとに「○○さんは、ああいう仕事が得意だけど、わたしには到底できませんね」などの言い方で、人をほめつつ、自分の不得意分野をアピールしておくとお得です。

また、細かい仕事が苦手なのにスーツだけはビシッとしていたりすると、意に添わない細かい仕事がやってくることが多いようです。細かい仕事が苦手なのであれば、適宜《てきぎ》だらしなくしておいたほうが割り振られる可能性は下がるでしょう。

⑤さりげないエピソードを織り込む

たとえば自分で「マイペースって言われるの」と言う人がいます。

これは「わたしのペースに合わせなさい」という命令を柔らかくしたものであることが広く知られています。

ですが、自分で自分のことを「わたしって○○な人だからぁ」と言うのは、あまりにもわざとらしくてしらけてしまいますので、さりげないエピソードにして、相手の頭の中にすべり込ませておくべきです。

よくできた小説では、くどくどと登場人物について説明するのではなく、人となりが端的《たんてき》にわかるエピソードとともにキャラクターが登場するものですが、それと同様です。

「三日間徹夜で働いた後に飲みにいって、そのまま朝まで飲んでいた」などのエピソードは、単に「身体が丈夫です」と言うよりも記憶に残りやすいものです。

まあ、そういうエピソードを開陳《かいちん》した日には、大変な仕事がワンサカやってきそうですが……。

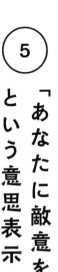

⑤「あなたに敵意を持っていません」という意思表示

「挨拶は大事」――耳にタコができるほど聞く話ですが、中には「体育会系じゃあるまいし、そんな話はもう聞き飽きた」とお考えの方もいるかもしれません。

しかし、わたしはここで**「挨拶は大事である」と改めて強調したい**と思います。


ところで、よくよく考えてみると、挨拶そのものは、ほとんど情報を含まない、不思議な言葉です。

「おはようございます」「こんにちは」「おつかれさまです」……。

「おつかれさまです」には、ねぎらいの意味が多少含まれているものの、「こんにちは（今日は）」については尻切れトンボにもほどがありますね。

では、挨拶とは、いったい何を示すものなのでしょうか。

一言で答えを表わすと、**「わたしはあなたに敵意を持っていません」**という証《あかし》です。猿の毛づくろいなどと同じなのです。

「社会人になって獣と同じかよ！」とおっしゃる方もいるかもしれませんが、実際のところ、獣と同じなのです。

「同じ会社に勤めているのに、敵意もへったくれもあるかいな」という言い分もあるでしょう。

しかし、もう一段階、冷静になって考えると「そう言えば、ランチタイムにAさんがBさんの悪口を言ってたし……」など、実際のところ、どんなオフィスにも多少は悪意が渦巻いているものです。

大人の世界でいじめがなくなっていないのは、これを読まれている方もよくよくご存じかとは思います。大人のいじめと子供のいじめの違いは、敵意がストレートに出るかどうかの違いにすぎません。

「わたしはあなたに敵意を持っていません」という意思表示は、令和の世においてもなお、重要なのです。

「挨拶すべきかどうか」——どこで線引きする？

・挨拶すべきかどうか迷っているうちに相手が通り過ぎてしまい、挨拶ができなかった
・いつも挨拶しない人に挨拶をしたら、相手が少し戸惑っていた

こういうことがあると、ますます「挨拶とは何か」について考え込んでしまったり、次の日の朝に同じ人に会ったときにはさらに固まってしまったり、という負のループに陥ります。

「挨拶は人間関係の基本！」と根性で対処する方法もなくはないですが、もうちょっとスマートに考えていきたいと思います。

挨拶の困難さには、二種類あります。

まず一つは「基準の曖昧《あいまい》さ」です。

たとえば、「同じ課に所属している人には挨拶する」という線引きをする人もいるでしょうし、「同じ階にいる人には挨拶する」という人もいるでしょう。

どこで挨拶する範囲を区切るか、その区切る規模が大きくなればなるほど、その人は社交的であると言えるものの、よく知らない人にも挨拶しなければならないわけですから、心理的負荷は大きくなります。

また、挨拶をしても不思議そうな表情で返される可能性も高まります。

ここで一点、考慮したいのが、**「いつも同じ基準で挨拶をする」**ということです。

微妙な関係の人とすれ違うとき、互いに「あ、この人とは挨拶するんだっけ、どうだっけ」と思いながらモヤモヤするのは心と時間の大きな無駄づかいになってしまいます。このとき、「同じ階の人だから挨拶する」と決めていれば、モヤモヤすることもありません。

挨拶する人とそうでない人を自分の中でしっかり線引きしてしまえば、こちらも迷わないし、相手もこちらの線引きぶりを読み取ってくれるはずです。

◆「伏し目がち」＋「口角アップ」作戦

挨拶の難しさのもう一つは、「やっぱり声を出すのが恥ずかしい」「無視されたらどうしよう」という、気恥ずかしさです。

「対人関係における印象をよくする」という観点から考えると、挨拶は多めにしておくに越したことはない、しかし知らない人に挨拶するのは心理的負荷が高い。

このような縛りでがんじがらめになり、早朝から苦悶《くもん》してしまうわけですが、解決策はあります。

これは、挨拶以外にも使える術《すべ》なのですが**「伏し目がちだが口角を上げておく」**こと。これで、

「あの人は、こちらを見ていなかったので気づいてないだけだ」

「あの人は控え目ながら、挨拶をしているふうだった」

「あの人は微笑んでいたので、単に照れ屋さんなんだろう」


などと相手に思っていただくことができます。最高に愛されるわけではないですが、「わたしはあなたに敵意を持っていません」が問題なく伝わります。

ただし、ターゲットが見えてから伏し目がちにしてしまうと、「挨拶したくないから目をそらした」のと変わりありません。ですから、オフィス内を歩いているときは常に伏し目がちにしておくことが重要です。

「上を向いて歩こう」という歌がありますが、ここでの合言葉は「伏し目がちで歩こう」です。

◆メール文に「毛づくろい的フレーズ」を入れる効果

「対面での挨拶は、相手の目を見てしっかりと」と言っている人は多いものです。

一方で、**「メールの挨拶は手厚めに」**とは誰も言いません。

しかし、これは実に大きな問題なのです。

対面では挨拶を重視するのに、メールの挨拶はなおざりになってしまう――。

これでは、手堅い仕事をして自分の立場をあやうくしないという道からそれてしまっています。

なぜなら、すれ違うときの挨拶は、仕事で関係する人も関係しない人も混じっていますが、メールで挨拶する相手は、必ず仕事で関係する人だからです。当たり前ですが、用事があるからメールをしているのです。

仕事のパートナーとの関係をおろそかにして、なぜ関係ない人にニコニコせねばならないのでしょうか。

これはもう、現代のミステリーと言うほかありません。

対面の挨拶で、笑顔で「おはようございます」と言っていれば、敵意がないことを示すのは簡単ですが、文書には表情も声もないので、敵意のないことを示すのは文そのものに頼るしかないので、とても難しいのです。

もし、挨拶文を書くのが面倒であるとか、つい忘れてしまうというのであれば、**お決まりのテンプレートでもいいから「おつかれさまです」「よろしくお願いいたします」を入れておけば安心**です。

ただし、テンプレートは汎用性《はんようせい》を重視するため、そっけなくなりすぎたり、逆に慇懃無礼《いんぎんぶれい》だったりするので、状況に応じて適宜、書き直されることをオススメします。

また、締めくくりの文にも「テンプレートらしさ」が出てしまうので、気をつけるべきです。

メールでのスマートな書き出しフレーズの例

・朝早くから申し訳ありません。
・矢継ぎ早にメールしてしまい、申し訳ありません。
・さっそくのご返信、大変助かります。

こうした具体的な「実《み》のある挨拶」をはさんでいくと、印象がよくなります。「敵意のないこと」を示すのがメールの冒頭だとしたら、それよりもう一歩先に行くべきです。

テンプレート化された挨拶は印象がよくないので、時間や状況によって使い分けて「あなたのために書きました」とすると印象がよくなります。

ちょっと手厚すぎるように見えるかもしれません。

しかし、メールのやり取りを行なう中で、動物社会における毛づくろい的な挨拶を織り交ぜていくと、無意識のうちに相手の心の中には信頼感が醸成《じょうせい》されていき、いざというときにも助けてくださったりするものです。これは社内の連絡ツール、DM（ダイレクト・メッセージ）などで連絡するときでも同じことです。

最終的に、人間関係における有効なリスクヘッジにもなりうるのが、挨拶なのです。

2章

あえて「言い負かされる」作戦

——損して得を取る「大人の日本語」

⑥「ロジックの正しさ」より「相手の感情への配慮」

学校でも会社でも、さまざまな形の議論が行なわれています。

そして、議論になると反射的に「理路整然と話して、相手を論破しなければならない」と考えていないでしょうか。特に、学生時代、「あいつは頭がいい」と言われてきたような方は、そのような傾向が濃厚になりがちです。

しかし、損得という視点で考えると、その考え方が必ずしも最適ではない状況も多いもの。

勤め人であれば、その議論に勝つことが、自分にとって本当にプラスになるのかを吟味《ぎんみ》すべきでしょう。

学校の授業では、主張を明確にして話したり文章を書いたりするよう教えられてきたかもしれません。たとえば国語の時間で学ぶ論説文では、主張を明快に述べたテキストが多いですし、また、大学のレポートでも、自分の言いたいことをうまくまとめるよう指導されたはずです。

しかし、学生時代に学んだそれらの技術をそのままの形で仕事に使うと、問題が発生することが多いのです。

なぜなら、実社会で暗に要求されるのは、ロジックの正しさというよりは、**相手の感情にきちんと配慮がされているコミュニケーション**だからです。正論を伝えることではないのです。残念ながら、これらの技術は学校では習いません。

実社会の議論では、感情が渦巻いています。

にもかかわらず、「議論に感情を差しはさんではいけない」というタテマエを真《ま》に受けていると、感情のもつれが生じてしまいます。人間の感情の動きにも配慮できてこそ、真の議論がうまい人と言えるのではないでしょうか。

◆「メンツを立てる」だけで九割うまくいく

たとえば、社内で企画を通すにあたって、上司と議論するとします。上司も完璧な人間ではないので、自分の主張のほうが正しい場合もあるでしょう。

しかし、上司のプライドが高い場合、ここで論破してしまうと、プライドをいたく傷つけてしまう場合があります。

特に精神的に未成熟な上司の場合は、論破されたことを根に持つでしょう。以後、自分の意見や希望がいっそう通りづらくなり、仕事が円滑に進まなくなる可能性もあります。

普通のサラリーマンとして暮らしていきたいのであれば、上司のタイプを見極めることが大切です。

その上で、「プライドが高い」と判定された上司の場合は、あまり本質的でない部分については、反論が可能であったとしても、**「なるほど、その発想はなかった」と膝《ひざ》を叩く**などしましょう。

つまり、**あえて言い負かされておくことで機嫌を損ねないようにする**のです。

週に二回くらい言い負かされておくと、プライドの高い上司のメンツも保たれて、職場が大変健《すこ》やかになります。

◆あえて「負けておく」余裕

プライベートでも、議論に負けておいたほうがお得な場合がよくあります。

たとえば、お目当ての異性が議論好きな人の場合。

彼・彼女らは、**「いやぁ……○○さんには本当にかなわないなぁ」**という言葉が大好物です。適度に無知を装《よそお》っていたほうが、好感度が上がりやすいので、結果として何かと得をします。

このようなケースでは、「あえて、言い負かされる」ことをオススメします。

「わざわざ言い負かされるなんて、なんか嫌らしい」と思うかもしれませんが、**相手に勝ちを譲れる人は、「器が大きい」と思われる**ものです。

議論に勝ちたいがために、余裕のない態度を見せて陰で冷笑される羽目にならないためにも、状況を見ながら「あえて負けておく」ワザを身につけましょう。

論破した相手から「説得力があってステキ」と恋愛感情を持たれることは、まずないと考えていただいてOKです。

⑦「かないませんわ〜」と兜を脱いでしまう作戦

世の中には、「自分の言うことは常に正しい」と思っている人が必ずいます。

その認識のまま大人になってしまった場合、残念ながら、もう矯正《きょうせい》は効かないと思ったほうがいいでしょう。

また、「議論には常に勝つ」と決めている、議論そのものが目的化している人や、プライドが高くて「議論に負けるとメンツが保てない」と考える人も意外に多いものです。

「話せばわかる」というのは都市伝説――とまではいかないにしろ、こちらが理路整然と話せば相手にも通じるはずと思うのは、人間の理性に期待しすぎです。

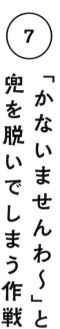

このような人々とまともに議論をしようと思ってはいけません。

ポイントは、**「意見を聞き入れたふりをし、運用の段階で適当に帳尻を合わせる」**ということ。

相手を言い負かすことにのみ興味を持っている人は、勝敗が決まった後の話題に対しては無関心になることが多いものです。

そこで、運用レベルにおいては、どさくさに紛《まぎ》れてこちらの主張を通すという考え方もあるのです。

議論での「完全勝利」は厳禁

仕事でもプライベートでもそうですが、**議論での「完全勝利」は厳禁**です。

絶対に禍根《かこん》を残します。

「ホンネで話してほしい」などと言う人も、実のところは、議論に負けないというという自負があるからこそ、そのようなことを言っているだけ。

気をつけてください。ディベートなどでは、結論をはっきりさせるべきであると習いますが、言い負かした形になってしまうと、相手のメンツは丸つぶれで、恨まれてしまいます。

しかも当人は「根に持っている」と思われたくないので、恨んでいないようなそぶりを見せるので、ややこしいものです。

議論の勝敗は、可能な限り不明瞭にしておくべきです。

そこで、使うことをオススメしたい**「あえて言い負かされておく」ためのセリフ**を紹介いたします。

◆オススメの「言い負かされセリフ」ベスト3

第3位「それは……思いつかなかったですね！」

言い負かされるときは、「自分がアホである」ということを、ことさらにアピールする必要はありません。

それでは言い負かし甲斐《がい》がないからです。

自分を下げるのではなく、相手を立てるのです。

自分にない視点を相手が与えてくれたという言い方にすることで、相手の思慮深さや視野の広さをほめ称《たた》え、満足していただくのです。

第2位 (相手が話し終わるや否や)「結論が出てしまいましたね!」

「決断力がある」「実行力がある」などと言われたくてムズムズしているタイプが相手の場合は、徐々に意見に納得するのではなく、一瞬のうちに言い負かされたふうを装うと大変満足していただけます。

「ああ、俺は一瞬のうちに最適解を見つけた」と感じていただけること請け合いです。

また、異性の相手に使うと、「自分の意見に固執《こしつ》せず、いいと思った意見に素直に賛成できる人だ」と株が上がります。

第1位「承知しました。この部分は実行に移す段階で再検討しますね」

「どう考えてもこちらが正しく、相手の言う通りにできない」「しかし相手がどうも頑《かたく》なである」という場合は、「実行段階で再検討」と逃げの手を打ちつつ曖昧に処理しておくのがよいかもしれません。

もちろん再検討などはしないのですが、相手がしつこいようなら、頭をかきつつ「再検討」という言葉をくり返す感じがちょうどいいでしょう。

以上、「言い負かされセリフ」ベスト3でした。

いずれにしても、「議論」という体裁《ていさい》を取った場合は、「議論を通じて、自分は何を獲得するのか」という観点が失われ、「議論に勝つこと」がいつの間にか目的化しがちです。

しかし、「本当のところ、何を手にしたいのか」というゴールのイメージを明確にすれば、勝って得をする議論というのは意外と多くないことに気づきます。

「かないませんわ〜」と兜《かぶと》を脱ぐことで、得をすることのほうが多いくらいです。

また、最終的に自分の主張を通すため、本質的なところ以外での言い負かされた感をしっかり演出し、相手に満足してもらうことも重要なのです。

⑧ 最新版！ホンネとタテマエの使い分け

「日本人はホンネとタテマエをよく使う」。

言い古されてきた日本人論ですが、言い古されてもなお、タテマエからホンネを推察し、対応することの重要性は、今もまったく変わりません。

タテマエをそのまま受け取る人は「空気が読めない」と言われることでしょうし、ホンネばかり言う人間もまた疎《うと》まれてしまいます。これは昔も今も変わりません。

ここでは、**ホンネとタテマエの最新版を再定義し、二重構造をスマートに使い分ける術**について考察していきます。

「ホンネとタテマエという二重構造がうざったい」とか、「いちいち二つを使い分けていては、仕事の効率も悪くなるだろう」という意見をお持ちの方もいらっしゃると思いますが、念のために書かせていただきます。

ホンネとタテマエの二重構造は、たとえ面倒でも絶対に必要です。

なぜなら、「ホンネだけの世界」に、人が耐えられるはずはないからです。

ホンネ推奨派の人は、「ホンネの恐ろしさ」をまだ体験したことがないだけなのです。

たとえば、転職しようとして選考試験を受けた結果、

「あなたはうちの会社にとってふさわしい人物ではありません」

という手紙が来たらどうでしょう。

受け取った本人はショックでしょうし、その手紙を出すほうもつらいはずです。

双方がそうした感情のダメージから立ち直るのにかかる時間の長さに比べれば、

「厳正に選考させていただきました結果、誠に残念ながら貴殿《きでん》のご希望に添いかねることとなりました。何卒ご了承くださいますようお願い申し上げます。末筆ながら、今後の貴殿のご活躍をお祈り申し上げます」

という言葉のほうが、受け取る側は「ああ、今回はご縁がなかっただけであって、自分の人格に問題があったというわけではない」と思えます。通知を出す側の心理的な負担も軽く、はるかに効率的なのです。

◆「耳に心地よいタテマエ」を真に受けるなかれ

ホンネとタテマエの形は、いつも同じではなく、時代によって変わるものです。ホンネとタテマエが入れ替わることすらあるほどです。

「使われ方の流行」を押さえておかないと、それがタテマエなのか、ホンネなのかの区別がつかず、タテマエをホンネと取り違えてしまい、苦い経験をすることにもつながりかねません。

そこで、「今時のタテマエとホンネ」はどこにあるのかについて考えていきましょう。

近頃のタテマエは、何と言っても、

「個性重視」

「ソフトな上下関係」

です。

「人それぞれの個性を重視する」「上司も部下もフラットに接する」というようなフレーズをよく耳にするようになりました。

「誰であっても、決まったルールに沿って仕事をすべきである」「部下は上司になれなれしい口を利いてはならない」というのは、いかにも時代遅れに聞こえますよね。

だからと言って、「個性重視だから、私のやり方でやります」とか、「上司にくだけた話し方をする」など、タテマエ通りに行動して、精神的なイザコザを残してしまわないよう、十分な注意が必要です。

人間の心の奥底にある〝ブラックな思い〟を洞察する

「個性を重視した働き方を」というスローガンを口にする本人も、すべての個性を重視したいと思っているわけではありません。

たとえば「夜型の生活がしっくりくるから、毎日、午後出社でもいいですか」と聞いても、一蹴《いっしゅう》されるだけでしょう。

「個性を重視するという話だったじゃないですか」と食い下がっても、当然ながら、「それは個性ではなく単なる怠《なま》け、あるいは、社会性の欠如です」と返されてしまうことでしょう。

会社で通用する「個性」とは、業績を伸ばせるものに限定されます。

つまり、「個性を尊重する」という文言が意味するのは、**「仕事に役立つスキルをそれぞれ伸ばしましょう」**ということ。

結局は、個性が重視されていなかった昔と、そう変わってはいません。

また、心の奥底で「みんな横並びで仕事しよう。出る杭《くい》は打ってやるからな」と思っていたとしても、自分でそうした思念を自覚できる人はごくわずかです。

人間誰しも、自分のグロテスクな部分はなかったことにしたいものです。

「個性って大事だよね」という美しい言葉を心の底から言っていると、誰しも思いたいものなのです。

人間の心の奥底にある「本当の思い」を洞察することは、ホンネとタテマエの二重構造を使い分けるときには欠かせないことなのです。

◆反論されたらムッとする上司が大半

「ソフトな人間関係」についても同様です。

自分の中にある支配欲を認めるのは大変勇気のいることなので、支配欲が旺盛《おうせい》な上司でも、「私が間違っていたら、遠慮なく指摘してほしい」などと理想を口にすることでしょう。

しかしそれは、「自分は歪《ゆが》んだ支配欲など持っていないはずだ」と過信しているから出てくるセリフ。心の奥底では「俺は間違っていないので反論するな」と思っているかもしれません。

もちろん、人徳の極まった上司もいます。ですが、そのような存在はごく稀《まれ》です。

たとえ耳触りのよい言葉を上司の口から聞いたとしても、何も考えずにそれを額面通りに受け取らないよう、注意が必要なのです。

こんな言葉が返せたら「神対応」

次に、ホンネとタテマエの使い分け方について考えてみます。

たとえば、上司の心の声が〝だだ洩《も》れ〟しているような感じで、次のように言われたとします。

上司（部長から会議に呼ばれたんだけど、隣の課の課長も呼ばれていて、正直言って顔も見たくないんだよなぁ。そもそも、自分が出ても何もしゃべることもないし、かと言って黙ってたら無能扱いのピンチ……。誰かに出てもらおうっと）「あのさ、明日の午前中の会議、議題がこの案件で、○○さん（あなた）のほうが詳しいと思うんだけど、どうかな？」

この上司が抱えている問題を整理すると、

- 仲の悪い課長と接したくない
- 明らかに意味のない会議に出席したくない
- しかし部長に呼ばれているので、あからさまに拒否はできない

というもの。「自分より詳しい人に出てもらったほうが、話が進むのではないか」というタテマエで、あなたに仕事を振ろうとしています。

このようなとき、どう受け答えをするのが望ましいでしょうか。

①ホンネで返すと気まずくなる

「ああ、あの課長の感じの悪さときたらねぇ。大丈夫です、わたしが出ておきますので心安らかにどうぞ！」

こんなふうに返すことはフランクでステキな気もしますが、そこまで言える間柄なら、そもそもタテマエを使ってこないはずです。

タテマエに対して、ホンネで応対してしまうと、相手としては、せっかくがんばって繕《つくろ》った体面が無駄になります。また、自分が思っていることを見透《みす》かされたようで不快感も発生します。

②タテマエで返すのは可もなく不可もない

「はい、わかりました。出席します。議事録は後でご確認いただければ幸いです」

こちらは、標準的な応答です。可もなく不可もないといった感じでしょうか。タテマエに対して、ホンネを詮索《せんさく》せず、同じレベルのタテマエで応答しています。

相手のホンネが読み取れなかった場合に妙に気を回して失敗するよりも、こちらが安全です。

③心の奥のホンネを読み取りつつ、タテマエで返すのがベスト

「わかりました。この後も、○○課長との調整はわたしがやっておきたいと思うのですが、いかがでしょうか」

ホンネとタテマエの扱いで、**最も理想的なのがこの流れ**です。

相手のホンネを読み取り、そのホンネに対するソリューションを準備し、かつ、ホンネを読み取ったことは明示しません。

相手には「タテマエで取り繕ってみたけど、予想以上に話がスムーズにまとまってラッキー」という気持ちになってもらえます。

ホンネを読み取ったことを悟られないようにしつつ、問題をすり替えながら、相手のホンネを汲《く》み取った動きが取れれば、上司との絆《きずな》が深まることは間違いありません。

ホンネとタテマエは、うまく使えばスムーズに事が運ぶ、昔からあるライフハックです。

二重構造を的確に把握《はあく》し、スマートに動いていきましょう。

⑨ 嫌われない言い回しのコツは「戦略的な低姿勢」

実際のところ、プライベートだけでなく、仕事でも、人の好き嫌いが評価に大きな影響を与えています。

ただ、やっかいなのは、社会においては好き嫌いによって態度を変えることが、タテマエ上は「ない」ことになっている点です。

「お前が嫌いだ」と面と向かって言われることもないため、鈍《にぶ》い人は嫌われていることに気づきません。

仕事がうまくいかない理由が、好き嫌いの問題に起因していることがわからないので、的外れな改善にいそしんでしまったりもするでしょう。

たしかに、自分が嫌われていることに気づくのは大変難しいことです。周囲に「大人の対応」ができる人が揃っていた場合はなおさらです。

そこで「嫌われない対策」として提案させていただきたいのが、**「戦略的低姿勢」**です。

この戦略を自然に選択している方もいらっしゃるかとは思いますが、威張っているより好感を持ってもらいやすいので、少なくとも横柄な態度の人よりは会社人生をソツなく送っていけるはずです。

低姿勢だとナメられるとお考えの方もいらっしゃると思いますし、実際ナメられることもありますが、最優先するべきは今いる会社でキャリアを平穏にまっとうすることです。

考えるのが面倒な場合は低姿勢の一点張りでも概《おおむ》ね問題ありませんが、ただ、度が過ぎるとかえって相手に不快感を与える恐れもあるので、**「嫌われる低姿勢」と「喜ばれる低姿勢」の二種類がある**ことを念頭に置いてください。

とりあえずは単なる「低姿勢」から始め、徐々に「戦略的低姿勢」へとステップアップするというのでもいいでしょう。

◆「ツッコまれない謝り方」を押さえる

低姿勢で対人関係を構築する場合にまずぶち当たるのが、何かミスをしたときにあびせられる「何でも謝れば済むと思ってないか?」という罵声《ばせい》です。「そんなにプリプリしなくても……」と返したくもなりますが、そこはぐっと我慢です。そして、そんなときの傾向と対策を考えていきたいと思います。

人間はしょせん動物であり、「服従の意」を示されればだいたい満足する生き物です。とはいえ、何か問題が起こったときには、「次はこんな問題が起きないようにしてほしい」と思うものです。

「キミがミスしたことを認めて私に服従の意を示していることは了解したけど、次に同じような問題が起きないという保証を私にくれないか」という要望が生まれるわけです。

謝り方①

あなた「大変申し訳ありませんでした。以後、気をつけます」

上司「気をつける？　気をつけたら次は絶対ミスしないの？　というか、気をつけて仕事してなかったんだ？」

誰かがミスをして、このような展開になってしまったケースをあなたも目撃したことがあるかもしれません。

「気をつけます」はNGワードと心得ましょう。

なぜなら、「ここ、ツッコむところですよ」とサインを送っているに等しいからです。

まず、ミスの原因が「サボっていた」ためであるとおおっぴらに言っていると受け取られるでしょう。しかも、改善策を出さずに「次からはちゃんとする」と言うにとどまっています。

信頼関係が十分に構築されている間柄であれば許されるかもしれませんが、そうでなければ不信感を胸いっぱいに抱かせてしまうこと必至です。

一方、次のように言ったとしたらどうでしょうか。

謝り方②

あなた「大変申し訳ありませんでした。今回のミスは、初期工程でのチェック事項に漏《も》れがあったことが原因です。チェック項目にこれとこれを足すことで、再発防止に努めたいと考えております。申し訳ありません」

このように、単に「気をつけます」と謝るだけでなく、「チェック事項に漏れがあった」と原因をつけ加えた言い方にすること。それだけで、「一生懸命やってはいたが、気づけないことがあった」という含みになり、信頼感が増します(たとえ真実は「適当にやっていた」のだとしても)。

さらに、再発防止策について、具体的に何をするかを明言することで、再発がないと安心してもらえます。ちょっとしたことですが、これで相手の不興《ふきょう》を買うことを避けられます。

◆へりくだりすぎは逆効果

一方で、低姿勢でいこうとするあまり、自分の人格そのものを貶《おとし》める発言をするのも「嫌われる低姿勢」です。冗談で自分を貶める発言をするのは、場が重くならなくてよいという効果があります。

しかし、「この人に仕事を任せて本当に大丈夫かな。ちょっと不安だな」と相手に受け取られかねない発言をしていると、周囲に「フォローしてあげなくては」と思わせ、かえって面倒をかけることになってしまいます。

また、相手に**「そんなことないですよ」という言葉を暗に要求するような発言**

も控えるほうがよいでしょう。

たとえば、

「私なんてパッとしないし」

「どうせ私は大したことないので」

などという発言。これらは、よほどほめられたときにバランスを取るために使うのでない限り、オススメできません。

なぜなら、こうした言葉を口にした瞬間、相手には、

「ああ、『そんなことないよ』って言ってほしいんだ。自分はそんなことないって心の底では思っているけれど、なんとなく不安だから『そんなことないよ』って言ってほしいんだ。つまり俺はこの人を承認するマシーンなんだ」

などと思われてしまうからです。

人になぐさめを求める「めんどくさい人」認定されないよう、へりくだり度合いの塩梅《あんばい》には気をつけたいものです。

⑩「聞こえのよい言葉」で要求を通す法

「自分が優位に立っている」という状況で、**礼儀として謝っておく**と、スムーズなコミュニケーションがはかれることは多いものです。

たとえば「今日が納品日であるものがまだ届かないが、納品してくれないと困る」と思っていたとしましょう。

納品の遅れが常習化している相手なら、そのまま「今回はお願いしますよ」くらいは伝えたほうがよいかもしれません。しかし、こちらの**焦る気持ちをそのまま相手に投げてしまうのは感じが悪い**ものです。

感じの悪い顧客に対してよいサービスをしようと思うかといえば、答えはノーでしょう。

逆に、感じがよかったとしても、こちらが言うべきことを言わなかったり、何も要求しないままでは、こちらが損をしてしまいますよね。

だから、**「要求は通さなければならない」**。**ただし、「感じよく通すことが求められる」**というわけです。


「●月○日が納期となっていますが、どうなっておりますでしょうか？

ご連絡お待ちしています」


直接「早く納品しろ」とは書いていないものの、それに限りなく近い言葉であることには変わりありません。

ここに「気づかい」を加えると、こんな文章になります。


「確認不足で申し訳ありません。わたしの記憶ですと、●月○日を納期とさせていただいたつもりだったのですが、本日のご納品は可能でしょうか？

本日ご納品だと、順調に年度内のリリースの計画を進めていくことができて助かります。

説明不足な点が多々あり申し訳ありませんが、ご不明な点などあれば、ご連絡いただければ幸いです。よろしくお願いいたします」


同じ「早く納品してくれ」という意味の言葉でも、「早く納品しろ」と言うのと、「納品が遅れているのはこちらの責任でもあると思うのですが、何とか納品していただけませんか」と言うのとでは、印象のよさがずいぶん違ってきます。

単にぐうたらしている相手ならともかく、やむを得ない理由で納期が遅れていた場合もあるでしょう。「急いでくれると、すごくうれしいのですが」と伝えたほうが、相手のモチベーションもアップします。

前者のような「早く納品してくれ」とダイレクトに伝えてしまうような言い方は、相手に「つっけんどんな人だな」という印象を与えます。このような、ある意味で「脅《おど》し」を使うことで乗り切れることも多いのですが、「脅し」が効かない相手だと、威力は半減してしまいます。

◆相手に妙な緊張をさせない言い方スキル

このように、情報をただ伝えるのではなく、相手の気持ちを考えて言葉を選べば、最終的には得をする結果となります。**「急いで」という言葉をなるべく美しく、かつ相手の耳触りのよい言葉に変換して伝える**ことが重要です。

「単なる言い換えで人の気持ちを変えるなんて……」と思うかもしれませんが、機械的な言い換えで仕事が円滑に進むのであればそれに勝るスキルはない、と考えるほうが気分的にラクです。

こちらとしては、納期を守ってもらうのが目的のはず。そのためなら、自分が悪者になっても全然構わないわけです。

自分の正しさをいたずらに主張するのではなく、「納期がギリギリになっているのは、こちらのせいですよ」的な言い回しにしておくと、相手も妙に緊張せずに済むのです。

ということで、基本は低姿勢でＯＫですが、メリハリを押さえたへりくだり方で、対人関係の気まずさを軽減していきたいところです。

3章

「手堅く評価を得る」メール術

——対面が苦手な人こそ知っておきたい「大人の日本語」

⑪ 「へりくだらず相手を立てる」がDM、メールの基本

メールというのは、電話や対面よりも気軽に使えるツールである反面、直接話すよりも真意を伝えにくいものです。

注意して書かないと、つっけんどんなイメージを与えてしまう危険があります。

特に、ＩＴ系に弱いことに引け目を感じていらっしゃる上司には要注意です。ちょっとした言い回しが悪いほうに取られてしまい、「何でもかんでもＤＭやメールで済ませやがって。直接話そうとしない態度そのものが失礼だ」などと思われてしまいがちです。

たしかに、社内の連絡にしろ、取引先との連絡にしろ、「対面だとすぐ解決す

る話が、メールで連絡したら話がこじれてしまった、うまくまとまらなかった」という経験はよくあることです。

なぜ対面ですぐ終わる話をチャット機能やメールでするのかというと、正直言って、会うのが億劫《おっくう》だからでしょう。

「対面でコミュニケーションを取るのが苦手だから、チャット機能やメールで済ませたい」という精神性を非難することはとても簡単です。

「うじうじしてないで直接話をしなさい」というのは、たしかに正論かもしれません。しかしここでは、「その正論がちょっとしんどい」とお考えの方のために、**対面でのコミュニケーションを減らし、スムーズに仕事を進めるメールのコツを**ご紹介したいと思います。

「自己卑下もせず、傲慢にもならず」のバランス

気の小さい方は、「とりあえず自分を卑下しておけばいいや」と考えがちです。

しかし、サディスティックな人はそういう態度を見て攻撃モードに入ったり、さらに苛立《いらだ》ったりすることが多いのです。

また、自信がなさそうに見えると、相手も不安になってしまい、ますます「この人と仕事をしていて大丈夫かしら」という気持ちにさせてしまいます。

その結果、ますますこちらが萎縮《いしゅく》せざるを得ない、という「負の回路」に突入してしまいます。

もちろん、傲慢《ごうまん》な態度ではさらにひどい結果になってしまいますので、ここでは、**「へりくだるのではなく、相手を立てる」というのを基本スタンス**にします。

自分の悪口を言う暇があれば相手をほめる、という考え方です。

◆相手の名前を呼びかけるだけで「暖気運転」できる

とても基本的なことですが、いきなり「おつかれさまです」や「お世話になっております」で始めるのではなく、相手の名前を呼びかけるようにしましょう。

郵便においてあて名は必須ですが、チャットやメールでは、「誰に向けて書いているか」は明らかなので、あて名は無駄な情報であるはずです。

しかし、人は、それがどんなにテンプレート化されたものであっても、自分の名前を呼んでもらったらうれしいものです。

「○○様にオススメ」と件名に書いてあったので、つい目に留まってしまい「広告のメールに反応しちまったぜ」という経験は誰しもお持ちだと思います。その効果を仕事で使わない手はありません。

特に「高橋」ではなく「髙橋」さんなど、ふだん使わない漢字を含んだ名前の方が相手の場合はチャンスです。「間違わないようにしっかり変換しているんだ」ということをご本人にしっかり見ていただけるので、好感度をアップしたいところです。

次に、押さえておきたい「へりくだらずに相手を立てる」ための具体的なフレーズと、それを使うときのポイントを紹介していきます。

①「～してくれたらうれしい」で心理的報酬を与える

たとえ自分が発注者（クライアント）の立場だったとしても、相手にお願いしたいときに、「～をお願いします」とダイレクトに書かないようにしましょう。

当たり前すぎる話ですが、人間はみな平等だからです。

たとえ仕事上で自分が金銭を払う側だったとしても、それは成果物と金銭を等価交換しているだけの話なので、「上下関係を露骨《ろこつ》に示すような言い方」は好感を持たれません。

ここで、多くの人がなんとなく使っている定番表現、

「～していただければ幸いです」
「～していただければ大変助かります」

の有効性について、念のため確認しておきましょう。

たとえば「お願いします」だと、「こうしなさい」という命令の意味合いを薄めて表現しているにすぎません。

しかし、「~していただければ幸いです」だと、「あなたがこうしてくれると、わたしは幸せになれる」と言っていることになり、相手のやる気を引き出すことができるのです。

大げさに言うと、「ああ、この人が喜ぶのならやろう」という気持ちになるということです。

相手に心理的報酬を与えているので、こちらの言い方のほうが、はるかに好感度が高くなります。こうした手堅い表現を身につければ、お願い事がすんなり通るようになるでしょう。

「そんなの、単なる言い回しじゃないか」と思う方もいらっしゃるでしょう。

まさにおっしゃる通りなのですが、会社で起きる問題の多くは言い回しの改善で解決できるのです。

②「のちほどお手すきのときにお伺いします」は小心者の秘密兵器

大きなミスをしたときは、当然ながら関係者のところに足を運ぶべきです。

一方で、小規模な問題で対応も急ぐものではない場合は、赴《おもむ》くべきかどうか躊躇《ちゅうちょ》するものです。

このような場合には、次のような表現が非常に有効です。

「……以上、取り急ぎご報告差し上げます。のちほどお手すきのときにお伺いします」

相手が足を運ぶことに重きを置いていない場合は、すぐ、「こちらに来なくてもいいよ」という返事がやってくるはずです。

相手もこちらと同じく、直接話すのが好きでない場合は、向こうも渡りに船だと思うに違いありません。相手の負担も軽くすることができるのです。

③「申し訳ありません」は「ありがとうございます」に

当然ながら、仕事で重大なミスを犯した場合には謝罪が必要です。儀礼的に「まあ、へりくだっておけばいいか」という意図で使用する「申し訳ありません」は、**「ありがとうございます」**に置き換えたほうが絶対にお得です。

「感謝の気持ちが大切です」という精神論ではありませんので、アレルギーを起こさないでくださいね。

悪くもないのに「俺って最悪」と自己卑下する人と、些細なことでも「あなたは素晴らしい」とほめてくれる人。多くの人に好かれるのは後者です。なぜなら、人はほめられるのが大好きだからです。

人間の性質を踏まえた行動を取るべきである、ということなのです。

④相手の都合を推し量る締めで

メールやチャットでは「締め」の言葉も大事です。最後まで「相手を立てる」ことを忘れないようにしたいものです。

「お忙しいところ、無理なお願いを聞いていただき、ありがとうございます。
よろしくお願いいたします」

定番の締めですが、実際に相手が忙しいかどうかは関係ありません。
とりあえずこのように書いておくと、気持ちよくこちらのお願いに耳を傾けてくれるはずです。

どんな仕事でもそれなりに大変ですが、「書き方を変えるだけで仕事がスムーズに進む」と考えれば、少しは気がラクになるはずです。

これらのポイントをしっかり押さえることで、毎日の業務を「パソコンの前でキーボードをカチャカチャするだけで成果が出るお仕事」に変換していただければと思います。

⑫「メールは簡潔に」はあまりオススメできない？

一般的には、「メールは簡潔に」と言われますが、実際のところ、**メールを簡潔に書くのはあまりオススメできません。**

「メールを簡潔にせよ」という上司の言葉を真に受けてしまうと、思わぬ問題が頻発することになります。

実は、メールが長いことでトラブルが起きる危険性よりも、メールが短いことでトラブルが起きる危険性のほうが高いのです。

「用件は簡潔に」と言われたので、用件のみを記したメールを送る――。

それは、お付き合いしている相手に、「二度と口利かないから！　もう連絡してこないで」と言われて、「あ～連絡しちゃダメなのか」と思って、本当に連絡しないで放置してしまうくらい危険な行為です。

読者のみなさまにとっては「釈迦《しゃか》に説法《せっぽう》」かと思うのですが、こういうシチュエーションでの「連絡してこないで」という発言は、こちらが相手の気持ちを無視したストーキングなどをしたりしていないのであれば、単にこちらの愛情を試しているだけの話。

「連絡してこないでって言われたけど、やっぱり連絡してしまった」と言いながらしっかり連絡をするのが正解ですが、これは仕事でも同じなのです。

◆不躾な印象を与えないために

実際の文面を見ながら考えていきましょう。

「鈴木さん、十五時半に戻られます」（本文なし）

これについては問題ないですね。

この鈴木さんが、「外出先で油を売っている疑惑」を抱かれているような渦中《かちゅう》の人物であった場合などは、その限りではないですが、通常の連絡は長々と書いても意味がないので、このように簡潔に書いても問題ないと言えるでしょう。

しかし、たとえばわたしが、「今日締め切りの原稿が明日の十四時まで遅れる」という連絡を担当の方にメールでするのに、

「原稿は明日の十四時に納品させてください」（本文なし）

と書いたらどうでしょう。もちろん、これは、よろしくないですね。

もし、あなたがわたしの担当をしていたら、「用件はわかったけど、それだけかい！」という気持ちになるに違いありません。

そう、この「それだけかい！」という**感情的なしこり**は、実はかなり重要な要素なのです。

用件としては、「予定より遅れて十四時に納品する」ということが伝わればOKで、これ以上の情報は、論理的には不要なはずです。

しかし、それでは「約束を破られた」というモヤモヤした気持ちが相手に残ります。本文に、詫《わ》びの言葉や、どういう理由で遅れるに至ったのかなどについて書いていないと、不躾《ぶしつけ》な印象を与えてしまうのです。

「メールは用件だけを簡潔に」というのは、こうした不躾な印象を相手に与えてしまうことをものともせず、モリモリ業績を上げてスピード出世するタイプの人こそが口にしてよいセリフなのです。

普通の感覚を持っている人は、やはり簡潔なメールを受け取ったら「何だか、不躾な人だな」と不快感を覚えるものです。

「用件だけを簡潔に伝えてもらったほうがいいよね」と口走ってしまうのは、ある意味で風習やしきたりに近いと言えます。

「俺って付き合ってる女を束縛《そくばく》しない主義なんだ」と口にする風習と同じようなものだと考えたほうがお互いのためというものです。

たしかに「用件だけを簡潔に伝える」というのは、デキる人であるような印象を受けます。何でもスピーディーに物事が動いていく現代のムードにもマッチしているので、サラリーマンとしてはちょっと言ってみたい、かっこいいセリフです。

しかし、そういう発言をする本人が、「簡潔に伝えられること」にどこまで耐性があるかはまったく別の問題。束縛しないと自称する男が、実際は嫉妬《しっと》の鬼だったりする現象と同じです。

13 長文メールは「やる気のバロメーター」にもなる

簡潔なメールは、情報量が少なく、内容が大雑把《おおざっぱ》になりがちです。

何か問題が起こった場合には、「お前の伝え方が悪い」と注意されたり、最悪の場合、「ウソの内容をあえて伝えた」などと糾弾《きゅうだん》されたりする可能性があります。

糾弾されるリスクを引き受けてまで、仕事の効率アップに邁進《まいしん》したい方は別ですが、たとえばメールで具体的なお願いをするときは、用件だけでなく必ず背景なども書き添えて、なぜその結論に至ったかを説明しておきましょう。

何かあったときに、「ここで説明したじゃないですか」というアリバイを作っておくためにも、簡略化しすぎないメールが有効なのです。

◆内容だけでなく文章量も見られている

単純すぎて書くのも恥ずかしいのですが、やはり、**長文メールには、仕事への情熱が感じられる**ものです。

小学生の作文で「最後から二行目までは書きましょう」と言われているみたいで何とも幼稚《ようち》、とお考えの方もいらっしゃると思います。しかし、依然として「いっぱい書いた＝がんばっている」という信仰は根強く、その信仰から逃れるのは困難です。

努力が好きな人に対しては、こちらの**努力の跡を見せ、心証をよくする**のに越したことはないのです。「量ではなく内容が重要」というのは、そう言うのがかっこいいからそうしているだけなので、惑わされてはいけません。

それどころか、簡潔に書いてしまうと、「やる気がない」などと言われる場合すらあります。

さすがに、「こんな短いメールはやる気が感じられないよ」などと言えば、「精神論なんて古いですよ」と返されることくらいは、みなさん学習済みです。

露骨な努力至上主義が表に出てくることは少ないかもしれませんが、これは、口にするのを我慢しているだけ。心の中では、相手の「努力の跡」が見られないメールを不快に感じているものなのです。

もちろん、メールに時間をかけすぎているように見えてしまうと、仕事が遅い印象になります。ですから、長文とはいえ、それなりのテンポで返しておいたほうがよいでしょう。**「ちょっと長かったかな」と思うくらいの分量**を目指してください。

◆「長いけど読みやすい」が最適解

そもそも、「メールは手短に」という主張の背景には、「アリバイ工作のためにメールが無駄に長くなっている」こと、それによって「業務の停滞が発生している」という事実もあるでしょう。

しかし、平凡なサラリーマンとしては、大胆に必要事項だけを記したメールを送るわけにはいきません。

長くてアリバイも十分に含んでいながらも、同時に「わかりやすく」書いておけば、メール簡潔派にも納得していただけるはずです。

最後に、最適解としてのメールの例を示しておきます。

（件名）企画書のチェックのお願い

「突然メールを差し上げてしまい、大変申し訳ありません。

お忙しいところ恐れ入りますが、企画書をご確認いただきたいと思い、前もってご連絡差し上げました。

お手数ですが、以下、ご確認いただければ幸いです」

背景

「今回、課を横断するプロジェクトである関係上、○○さんの課の方針と齟齬《そご》がないか、前もって確認しておくと、手戻りがなくスムーズだと考えております。先日○○さんからいただいたお話の内容を加味した上で企画を立てているので、問題ないかとは思いますが、念のためご確認いただければと考えております」

スケジュール

「○月●日にお渡ししますので、▲日までにご確認をいただければありがたいです。大きな修正点などありましたら、早めにお知らせいただければ助かります。以上、急な話で大変申し訳ありませんが、よろしくお願いいたします」

このように、後で問題が起きても咎《とが》められないことと、用件がつかみやすいことは、決して相反することではありません。

安全度の高いメールを書いて、自分を上手に守っていきましょう。

⑭ 「正しい日本語」より「感じのよい日本語」

書店に足を運ぶと、ものの言い方や敬語に関するさまざまな本が並べられているのを目にします。「美しい日本語」への国民的な関心も高いものです。

しかし、**必ずしも「正しい日本語＝仕事で使うべき日本語」とは言えません。**自分だけが「正しさ」を主張しても、相手によっては、「面倒な人だな」と思われるだけかもしれません。

特にメールの場合は、以下で説明するような「正しくない日本語」のほうがオススメです。なぜなら、**「日本語として正しくはないが、感じはいい」**ということが往々にしてあるからです。

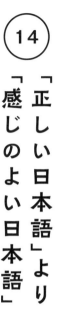

話し言葉の場合、「ありがとうございます」などを連発しても、不自然には感じられないものですが、メールでは、自分が書いた言葉を読み返して俯瞰《ふかん》することができるので、同じ言葉を使っていると「うーん、ここの部分、変えようかな」と思いがちです。

しかし、言葉づかいが多少おかしくても、たいていの人はそれほど気にしないものです。

むしろ、技巧を凝らしてわかりにくい表現にしてしまうと、肝心の情報が伝わりにくくなります。

たとえば、「決裁」という言葉の重複を避けるため、「決裁を取ります」「同意を得ます」「コンセンサスを得ておきます」など手を替え品を替えしていると、「わざわざ言い換えるということは、別の意味なのかしら」などと誤解されてしまい、言葉の意味がかえって伝わりにくくなってしまいます。

たとえすべての文末が「～していただければ幸いです」でくくられており、

「どれだけ俺は幸せに飢えてるんだよ！」と自分にツッコミを入れたくなったとしても、気にしなくて大丈夫です。

むしろ工夫を凝らしすぎて、その豊かな日本語力のせいで仕事に遅延をもたらしてしまうほうがもったいないです。

◆「頭がよい」と思われて得するシーン、損するシーン

乱れた日本語の代表格として、「三時にお伺いします」のように、自分の行為に「お」をつけるというのがあります。しかし、これについても、あまり気にする必要はありません。

たしかに、「伺う」という謙譲語に、尊敬を表わす接頭辞の「お」をつけることは、厳密に言えば間違いです。

相手によっては「ものを知らない」と思われることはあるかもしれませんが、「失礼である」と考えて怒りだす人はまずいません。

逆に、自分の行為に「お」をつけることに好感を持つ人の身になって考えると、「お」をつけないことが失礼だと認識しているはず。

つまり、手堅く好感を積み上げていく場合には「三時に伺います」よりも「三時にお伺いします」のほうが無難なのです。

また、正しい日本語を使った場合、嫌味な人間に見えてしまうというデメリットがあります。

たとえば、「その意見は的を得ていますよね」などと誰かが言った後に、「たしかに的を射ています」と言えば、相手への嫌味と取られてしまうかもしれません。「頭のよさ」をアイデンティティにしている方の場合、正しい日本語の知識をついアピールしてしまいがちです。

しかし、**頭がよいと思われて得をするシーンと損をするシーンがある**ことを覚えておいていただければ、仕事の幅がより広がります。

また、すべてが敬体（～です）だと堅苦しい印象を与えてしまうので、適宜、

感情がほどけて思わず書いてしまった風味で常体（～だ）を使用すると、好感を持たれやすくなります。

「先月の売り上げ、昨年比で倍になってる……わたしも貢献できるようにがんばります！」などです。

通常、学校の作文や試験の小論文では、常体と敬体が混じっていると減点されますが、仕事における正解とは、仕事が予定通り進むことにほかなりません。

「仕事には私情をはさまない」というのは都市伝説です。職場でも、私情は「羽衣《はごろも》のように薄いおべべ」をまとって存在しているのです。

特に、感情が伝わりにくいメールの場合などでは、「！」などを適宜はさんだりしながら、自分の気持ちをソフトに表現するほうが、相手も仕事がしやすくなります。

また、感情の起伏《きふく》を示すことで、何が問題なのかをよりわかりやすく示すことも可能になるのです。

「印象に残る言い回し」は、しばしば正しい日本語ではない

「彼はただの男。それ以上でもそれ以下でもない」という、ちょっと気取った言い方があります。

具体的な数を当てはめるとわかりますが、「五以上」とは、「五と、五より大きい数」で、「五以下」とは、「五と、五より小さい数」です。

つまり、「五以上でも五以下でもない」と言うと、五でさえなくなります。

それを踏まえると、先ほどの言い回しは、「彼はただの男でさえなく、何者でもない」という意味になってしまいます。

正しい言い方をするのであれば「彼はただの男。それよりも偉大な存在でも、それよりも矮小《わいしょう》な存在でもない」になります。でも、これだと長ったらしくて印象に残りにくいですよね。

広告のコピーに限らず、日常のコミュニケーションでも、**「日本語としては変**

だが、正しい日本語よりも意味がつかみやすい」ということはよくあります。

時には、不正確な言葉づかいをする大胆さも必要なのです。

学校では「正しい日本語を使おう」というところまでしか学びませんが、社会ではそれなりの合理的な理由で、あえて日本語を乱している場合もあるのです。

上司の、部下の、取引先の心をとらえる日本語かどうかを最優先に考えることが重要なのです。

4章

「やっかいごと」を巧みにかわす戦略

――トラブルを未然に防ぐ「大人の日本語」

⑮ 上司の不思議なアイデアを円滑に始末する方法

上司「今朝、シャワーを浴びていて思いついたんだけど」

あなた「はい、どんなアイデアでしょう？」（思いつくのはともかく、シャワーのくだりは無駄にシャワーシーンを想像させられるので困るなぁ）

上司「シャワーの口のところあるじゃん？　あれ、単にブツブツ穴が開いてるじゃん？　どうも退屈だよね」

あなた「たしかに単調かもしれないですね。わたしはあんまり気にしないですけど」（シャワーの穴に対して「退屈」という発想はなかったわ）

上司「あの穴をさぁ、富士山とか、桜吹雪《ふぶき》とかそういう模様にすると面白いんじゃないかな？　今、和風のものも流行ってるじゃない？　アイスでもさ、餅《もち》に包んだのを売ってたのを見たことあるし」

あなた「な・る・ほ・どぉ〜。了解いたしました」（餅に包んだアイスって「雪見だいふく」だよね。何十年も前から売ってる定番商品だけど）

もちろん、上司は嫌がらせをしようとして、このような珍妙なアイデアを押しつけてきているわけではありません。

ましてや「売れない商品を作って赤字を出してボーナスを減らすのが楽しい」という不思議な性癖をお持ちなわけでもありません。

本気で「これはいける」と考えていらっしゃるわけです。

この上司が課長さんであれば、さらに上の上司にやんわりと再考を迫られたりするわけです。

しかし、もし社長がおっしゃった場合には、「誰が買うの？」という商品が市場に出回ることになります。

サラリーマンの重要なミッションの一つである、**「上司の不思議なアイデアに対処する」**というお仕事。「そんな思いつきの商品、売れるわけがないでしょう」と返すのも難しいというもの。

あなたの正論に、上司がハッと我にかえったとしても、「言いだした手前、すぐに引っ込めるのはかっこ悪い」という気持ちになっているからです。

企業の目的が「利潤の追求」であるとするならば、このような妄想は、それが妄想であると気づいた瞬間に引っ込めたほうがよいというもの。ずるずると、「でも言いだした手前……」と畳に「の」の字を書いている時間は、企業にとっては労働力の損失となります。

もちろん、無駄の削減の先にあるのは人員削減であったりもするわけです。

絶対うまくいかないとわかっている仕事をやらされた上に責任を負わされると、自分が人員削減の対象になりかねません。

◆明らかにまずい企画を亡きものにするには

そこで、明らかにまずい企画を、スピーディーに、しかも感じよく「亡きもの」にしてしまうテクニックについてお話しします。

①「無期限に保留」の形に持ち込む

上司に対して、公然とダメ出しをすることはご法度《はっと》です。

「サラリーマン社会が表向きは自立した個人の集団だということになっていても、事実上は封建制《ほうけんせい》であるから」ということもあります。そして、上司としては「人に言われて」よりも、「自分でよく考えてみたら、わりと穴だらけだったと気づく」ほうがアイデアを引っ込めやすいからです。

部下のモチベーションを大切にする上司はダメ出しをせず、「再考させる」という手法を取りますが、それと同じです。

たとえば、

「企画書を作っておきましょうか。あと、参考資料などいただけますか」

と資料をこちらが作るか、作ってもらうかお願いしておくと、「まあ、今すぐってことはないけど資料の作成はお願いしようかな」という曖昧な返事をいただくことができ、「無期限に保留」という形を取ることができます。

この形に落ち着くと、頭ごなしに却下《きゃっか》したことにならないので大変スムーズです。

②なるべく早く、企画書を作る

①に失敗した場合は、やむを得ないので、いさぎよく企画書の作成を進めます。

企画書を作成しないスタイルの職場でも、このような場合は企画書を作ることをオススメします。

なぜならこれは、**「この仕事をやっても意味がない」ということを証明する大事な書類**になるからです。また、人間というものは、大変忘れっぽく、多種多様なアイデアを出せる生き物ではありません。そのため、今回の「シャワーの穴を富士山にする」企画が流れてしまっても、何カ月か経《た》ったある日の朝、「蛇口の穴を富士山にする」あるいは「シャワーの穴を自由の女神にする」企画を、上司が顔を上気させて提案してこないという保証はどこにもありません。

そんな「Xデー」に備えて、すでに失敗済みであることを証明する企画書を作っておくと、大変スムーズに事が進みます。

③ボトルネックを外部に置いて企画を立てる

コンセプト自体が欠点に満ちていても、うまくいきそうな証拠を上司がでっちあげてしまうと企画が通ってしまいます。

ですから、企画書には「なぜ、この企画をやることが会社の不利益につながるのか」を記述せねばなりません。が、正直に「○○課長の提案がダメな理由」というタイトルの企画書を作るわけにもいきません。

もちろん、そんな冒険をする必要はなく、淡々と書き進めてよいのですが、一点だけ絶対に守るべきポイントがあります。

それは**提案者のスキルを問題視するような企画書を作ってはいけない**ということです。

どう考えても「シャワーの穴に富士山」は売れないはずですが、そこで、「マーケットが反応しない」という話を強調してしまうと、上司のマーケティングセンスのなさを指摘する結果になってしまいます。

とはいえ、需要があるかのように書いてしまうと、ウソで塗り固めた企画書になってしまうので、そこには触れないようにします。

では何に触れるべきなのかというと、それは「コスト」です。

「企画はいいけれど、けっこうコストがかかります。あなたのセンスは最高ですが、予算がこの名企画を実行することを許さない。だいたい物価が高すぎるのが悪い……」など、何とかして「この企画はコストがかかる」という結論に持っていくのが、心証を悪くせず企画を流すポイントになります。

④「～ならできます」でポジティブに逃げる

また、その際、「コストがかかるからやりません」と言う必要はありません。「だいたいこのくらいのコストがかかりますね」と言うだけでよく、後のお財布《さいふ》勘定《かんじょう》は上司にお願いしましょう。

どう曲解しても儲からないことを証明し、控え目に「コストはこれだけかかります」と伝えるのです。「十億円かかるからできません」と言うより、**「十億円あればできます」と言うほうが印象がよい**のです。

⑤「発展的解消」を演出する

バンドの解散の記者会見のときに決まって出てくる言葉である**「発展的解消」**。ケンカ別れなどと正直に事情を話しても感じが悪いだけなので、方向性の違いによって袂《たもと》を分かつことをポジティブに表現できるマジックワードです。そして、これを使わない手はないです。

そう、この「単なる思いつき」のアイデアにすぎない企画を「発展的解消」的な、未来につながる言い方にして「なかったこと」にしておけばよいのです。

もちろん、「発展的解消」などと、そのまま言ってしまっては馬鹿にしているように聞こえてしまうでしょう。「いただいたアイデアは市場の動向を見つつ、検討していきたいと思います」という、あたかもこの企画は収束ではなく、「新しい企画の始まりである」と言わんばかりのまとめ方をすると大変心証がよいです。

このとき、「上司のセンスが市場をとらえられるようになったら」と正直に語ってはいけません。あくまでも、「市場が上司に追いついていない」というニュアンスで語っておくことをお忘れなく。

上司はスキルが高いから上司になっているのであって、妙な企画は、季節の変わり目で浮き足立っていたとか、何か理由があってのこと。

そんなときも、このような形で、アイデアをうまく引っ込められるように誘導してあげられたら、上司もあなたに感謝するはずです。

⑯「質問にうかつに答えてはいけない」という掟

たとえばあなたが、「一昨日の昼、食べたものを覚えていますか？」と聞かれたとします。

しばらく考え込んで、「うーん……天ぷらうどん、だったかなぁ」などと答えますよね。

では、よりくだらない、なぞなぞを出してみます。

「お父さんが嫌いなフルーツってなーんだ？」

正解とされるのは「パパイヤ」です。よく知られているなぞなぞなので、ご存じの方も多いかと思います。

しかし、この「お父さんが嫌いなフルーツ→パパイヤ」というのは、論理的に考えるとおかしいですよね。

最初にこのなぞなぞを聞いたとき、わたしは、

「メロンかなぁ。味としては最高かもしれないけれど、あんなものを子供に好きになられたら高くてかなわんので、父親としては『嫌いという立場』を取らざるを得ないだろう」

などと思っていました。

しかし、なぞなぞは、「ダジャレを使って答える問題であり、客観的な事実、たとえば父親へのアンケート結果などについての知識を問うているわけではない」という前提で成り立っています。

こういった**「暗黙のルール」を無意識に受け入れて、「問い」を与えられたら思わず「答え」を考えてしまう**のが人間というものです。

「問いと答え」というコミュニケーションは、あくまでも一つのルールの中にあるものだということを忘れると、場合によっては危険な事態に陥ることがあると

いうのが、この項目のテーマです。

◆「問いに答える」という行為が意味すること

よほど頭のよい人でない限り、

「その問題設定は適切か」

「その問題の答えは何か」

この二つを同時に考えることは不得意です。

そしてほとんどの場合、「その問題設定は適切か」について十分に考えないまま、問いの答えを検討するモードに入ってしまいます。


人間のそうした傾向を利用した広告を、日常的に見ることができます。

たとえば、色のバリエーションの多い商品をずらりと並べて一言、「どの色を選ぶ?」というタイプの広告がありますよね。目にしたときに、思わず「どの色がいいかな」と考えてしまいます。
しかし、冷静になって考えてみれば、まずはその商品を買うかどうかについての十二分な検討が必要なはずです。

このような広告は使い古されていることもあり、「またこのパターンか」と冷静に対応できるのですが、パターンを少し変えた質問に、「仕事とわたしとどっちが大事なの！」というものがあります。

おろおろして、「もちろん、キミのことが大事だよ」と答えたりすると、終わっていない仕事を切り上げて帰らなくてはならなかったりして大変です。

この問いは「仕事とわたしは同質のものであり、二者択一のものである」という前提で成り立っているので、うかつに反応すると、その前提を受け入れたことになってしまいます。

つまり、**「問いに答える」という行為は、「問いの前提を受け入れる」ことを意味する**のです。

仕事においてよくあるこの手の質問は、人を罰するのが大好きなタイプの人が、ミスが発覚したときに発する「これ、誰に責任があると思う？」という問いです。

この問いに答えたとたん、責任のなすりつけ合いになることが決まってしまいます。

本来なら、ミスをカバーする方法や、再発防止策について考えるべきところでしょう。

その問いに答えることが本当に必要かを吟味すれば、泥仕合《どろじあい》を避けることができるはずです。

いかにも答えにくい問いを突きつけられた場合は、

- **「その問いの前提は正しいか」**
- **「そこで与えられた選択肢以外の選択肢は本当にないと言えるか」**

について考えることをオススメします。

◆答えを悪いように解釈されないために

ネットや雑誌などでよく見かける「結婚したい相手の理想の年収は?」という質問。「理想かぁ。理想だったら、多くて困ることはないから、うーん、一千万円とか?」と答えたとします。

これは世論操作を行ないたい場合のアンケートの手法としてもお馴染みです。「理想の年収は一千万円」という見出しで語られている記事を、ネットなどで見たことのある方は多いと思います。

このような見出しだと、あたかも、世の中の女性が「男性に求める理想の年収は一千万円で~す!」と能天気に言ったかのような印象になってしまいます。

年収についてさほど興味がない人でも、「理想の年収はいくらですか」と聞かれたら、「一応具体的な数値で言ったほうがよいかも?」など、空気を読んで答えていることも多々あるのに、です。

もちろん、アンケートだけではありません。「○○さんも、あの人は身勝手だと思うよね？」と聞かれて「うーん。まあね」と答えたら、「○○さん、あの人のことを身勝手だって言ってたよ」と言いふらされてしまうようなことも多いかと思います。

あまり考えずに質問に答えてしまうと、悪意を持った相手に利用されることもあるのです。

◆「質問の形をした命令」には注意が必要

また、**命令が質問の形を取る場合もある**ので、注意が必要です。

露骨に「〜せよ」という形で命令するのは、上司にとっても気が重いものです。なるべくなら、部下が自分の思惑を汲み取って行動してくれることが望ましいと考えています。その「ヒント」として質問を行なうのです。

こんなときは、自分の正解と思うところをそのまま答えるのではなく、上司の意図に気づいたふうを装って受け答えすれば、印象がよくなります。

上司「先月より生産台数を増やすのはなぜ？」（根拠もなく生産台数を増やす計画は出さないでほしいんだけど）

あなた「えー……、ちょっと市場環境を加味したのですが、結果だけでご判断いただくのは難しいですよね。資料を作り直してもいいですか？」

上司「悪いね。よろしく頼むよ」（ああ、よかった。「資料を作り直せ」ってストレートに言う前に気づいてくれて）

会社で行なわれる「質問に答える」という行為は、学校でのテストと違って、単独でなされるのではありません。答えたら話が終わるわけではないのです。

このように、「次への行動を促すきっかけ」として使われる場合も多いので、十分にご注意ください。

クイズ番組に普遍的な人気があることからもわかるように、人間は、何かの物事について問われると反射的に答えてしまう生き物です。

幼少のころから馴染んでいる思考スタイルでもあるため、その流れに沿っているだけで、何か考えたような充実感が得られてしまうのでしょう。しかし、見せかけの充実感に身を任せるのは危険です。

何らかの問いを投げかけられた場合は、「その問いに答えることのメリット」について考えてから答えるよう心がけることで、世渡りのスキルがアップします。

五秒でいいので、立ち止まって考える習慣を身につけてみてはいかがでしょうか。

⑰ 職場の「困ったさん」に振り回されない対処法

何十年にもわたるサラリーマン生活。トラブルで窮地《きゅうち》に追い込まれることもあります。

仕事の仕組みを改善するなど、自分でできる工夫も、もちろんあるでしょう。ですが、トラブルのない会社生活が送れるかどうかを決めるカギは、同僚や上司の人柄に負うところも大きいでしょう。

どこの職場にもトラブルメーカーはいるものですが、その張本人は、自分がトラブルメーカーだという自覚がありません。

それどころか、「どいつもこいつも、この会社の人間は使えないやつばかりだ」と、自分以外の全員にダメ出しをする人さえいますよね。

運悪くトラブルメーカーと仕事をする羽目になっても、戦略的な行動ルールやコミュニケーションの取り方を知っておくと、ストレスなく対処できます。

◆トラブルメーカーには三種類ある

仕事のトラブルにつながりやすいタイプを大別すると三タイプに分かれます。

リスクの高い順に並べてみると、次のようになります。

①いざこざを起こす「空気が読めない人」
②トラブルの全責任を他人に負わせる「他罰的な人」
③仕事のミスに直結する「独善的な人」

それぞれのタイプの傾向と対策を解説していきたいと思います。

① 空気が読めない人

「空気が読めない」という言い方は、ソフトで抽象的ですが、要は「人の気持ちがわからない」ということ。

必ずしも悪い人だとは限りませんが、自分と価値観や立場の違う人間が生きていることに対しての想像力が欠けていることには違いありません。

空気が読めない人は、言わなくていいことを言って人に不快感を与えます。仕事の手続きのまずさではなく、誰かの心証を損ねる余計な一言を発することで、仕事にボディーブローのようにダメージを与えます。

それでも、空気が読めない人が単独で心証を損ねているだけであればわれわれには影響がないのですが、問題はそう単純ではありません。

想定されるトラブル例

同期A「あ、すごい、愛妻弁当ですね!」

上司「まあ、愛妻っていうか、電子レンジでチンしたのが大半だけどな」
同期A「やっぱり！　○○さん（あなた）が前、あのオカズは冷凍食品っぽいと言ってたけど当たりですね、さすがです！」
あなた「……」

「言っていいこと」と「悪いこと」の区別がつかない人は、こちらがオフレコとして漏らしたホンネを暴露《ばくろ》してしまうこともあります。

こちらとしては、「オフレコ発言をしないようにする」か、あるいは、「言っていいことと悪いことの区別をつけてもらう」（「空気」を明示してあげる）かのどちらかの策を講じる必要があります。

「オフレコ発言をしない」という抜本的な対策については別の項目でお話しするので（172〜173ページ）、ここでは「空気」を明示してあげる方向で考えてみます。

空気を明示すると言っても、「あなた、空気が読めないんだから、何でもかんでも思ったそばから口にしちゃダメですよ」とストレートに言うのでは、相手を

「万引きしたら通報します」という張り紙を見たときのような気持ちにさせてしまいます。

やってもいないのに「万引きする人間」扱いされたらションボリですよね。かといって、失言をした後に「今のは失敗だったね」と追い打ちをかけるように伝えても完全に手遅れです。トラブルが防げない上に、相手のあなたへの心証も悪くなるでしょう。

こうした空気が読めない人にうかつな発言をさせなくするポイントは、自分やほかの人の「空気を読めなかった事例」を笑い話にして伝えることです。

オカズの例なら、

「この前、ぼくが課長のお弁当のオカズの揚げ物が毎日同じ形だから冷凍食品に違いないと名探偵並みの推理を見せたんだけど、それを同期のBがわざわざ課長に言って、それから課長との関係が若干気まずい感じになってしまったよ。同期だから思ったことを素直に言っただけなのに、本人にわざわざバラすなんて、勘弁してほしいよね」

などと伝えます。

言っていいことと悪いことを学んでもらえれば、空気が読めない人でも、次のようにすんでのところで「うかつな一言」を口にするのを思いとどまることができます。

解決例

同期A「あ、すごい、愛妻弁当ですね！」

上司「まあ、愛妻っていうか、電子レンジでチンしたのが大半だけどな」

同期A「（そういえば、愛妻弁当にケチをつけて嫌な顔をされた人の話を聞いたっけ）いやいや、共働きなのにお弁当を作ってもらえるって相当愛されているってことですよ！」

②他罰的な人

他罰的な人とは、何かトラブルが起きたときに、すべてを相手のせいにしてしまうタイプ。待ち合わせに遅れたら、交通機関への文句から始める人です。

仕事であれプライベートであれ、他罰的な人の近くにいると、何かが起こった場合、あなたがその責任を問われ、責められる可能性が高まります。

特にあなたが、トラブルが起きたらまず自分を責めてしまうような、まじめで自罰的なタイプだったら要注意です。

他罰的な人にとってみれば、自罰的な人は単なる「話しやすい人」。ですが、自罰的な人は他罰的な人と付き合えば付き合うほど、自分を責めるような状況に置かれることになりがちです。

職場に他罰的なタイプがいないか早期に見極め、自分が責められないよう先手を打ちましょう。

想定されるトラブル例

あなた 「ここのシステムですが、動作に想定漏れがあるので、リリースまでに確認しておいてください」

メンバーA「あ、そうですね。でも、これって○○さん（あなた）のほうで全体の計画を決めるのが遅かったからですよね」

あなた 「別に責めているわけではなくて、想定漏れがあるので、確認しておいてくださいとお願いしているんです」

メンバーA「その確認をしなければならないのは、○○さんの計画が遅かったからだと言っているんです」

他罰的なタイプの人は、トラブルが起きてから、仕事の領域を自分が有利になるように再定義しようとします。

「それは私の仕事じゃなくて、あなたの仕事。つまりトラブルが起きたのは、あなたの責任」と主張するのです。

日常的な仕事は、やらなければいけない仕事がすべて見えていて、誰がどこまで仕事をするかについても明らかなので、他罰的なタイプといえども、他人のせいにするのは難しいでしょう。

しかし、仕事の流れを作りながら進める新規プロジェクトなどの場合は、仕事の領域が明確に決まっていないので、特に注意が必要です。

「適宜助け合いつつ」と考えていると、曖昧な部分の責任をすべて負う結果になってしまいます。

誰がどの仕事をするのか可能な限り定義し、責任を丸投げされることがないように対処していきましょう。

解決例

あなた「ここのシステムですが、動作に想定漏れがあるので、リリースまでに確認しておいてください」

メンバーA「あ、そうですね。でも、これって○○さん（あなた）のほうで全体の計画を決めるのが遅かったからですよね」

あなた「全体の計画が決まった際に、その遅れの影響範囲の確認も含めてお願いしましたよね。別に責めているわけではないので、想定漏れがどこにあるかの見極めをしていただけますか。そうしてもらえると、安心してリリースできます」

メンバーA「………はい」

③独善的な人

独善的な人とは、「すべてにおいて自分が正しい」と考えている人。堂々とそう言い張る人も稀にいるのですが、注意が必要なのは「ひそかに独善的な人」です。

このタイプは、自分が独善的であるというイメージを持っていないので、反省することがなく、改善が難しいのです。

たとえば、「いろいろ考え方はあるけれど、私はこう思う」という言い方そのものは、一応、ほかの人の考えを考慮に入れているように聞こえますが、実際のところ、単なる枕詞《まくらことば》として使っている人もいるので注意が必要です。

見分け方のポイントは、会議などでその人が反論を受けたときの応対。筋が通っていようがいまいが、「でも」「しかし」と反論する人には要注意です。

「自分は常に正しい＝何かトラブルが起きたら、それは自分以外の人が悪いはず」という思考回路の持ち主である可能性があるのです。

想定されるトラブル例

あなた「この商品、ユーザーを選ぶように思います。前回の顧客調査はうちの製品に好意的な層ばかりだったので、念のため、仕様を決める前に顧客調査してみるのはどうでしょうか」

上司「大丈夫、大丈夫。考えすぎだって」

あなた「安くあげてくれる調査会社もあるみたいですよ」

上司「あのなぁ……製品を出さない理由について考えてもしょうがないだろ。そんなことをする暇があったら、ほかの仕事してよ！」

彼のような相手を説得するときは、うまく言葉をつなぎ合わせて、「まさにそれがあなた（相手）の言いたいことだったのですね」などと伝えると、スムーズに事が運びます。

こちらの話した内容が、結果として最初に彼が言っていた内容を否定するものだったとしても、**見かけ上、メンツを立てておくことでうまく収まる**のです。

解決例

あなた「この商品、すごく売れると思うのですが、販売戦略の検討のために、もう一度顧客調査をしたいのですがどうでしょうか。この前もおっしゃっていた通り、商品のよさを伝える販売戦略が重要ということでしたよね」

上司「そうそう、売り方も大事だからね。じゃあ調査の計画を立ててもらえるかな」

トラブルメーカーは、ご本人に自覚のないままに、こちらを窮地に陥れてしまうことがあります。

会社生活をつつがなく送るためにも、コミュニケーションには十分、注意を払ってください。

18 職場の人付き合いでストレスをためないコツ

職場の人との、仕事以外でのお付き合いは非常に心理的ハードルの高いものです。楽しいと思える相手ならいいですが、そうでもない相手なら最高につらいですよね。

最もつらいのが、頭数を揃えるために飲み会に呼ばれた場合です。

「キミと飲みたいんだ」と個別に声をかけてもらう場合であれば、「そこまで言うんだったら行ってもいいかも」と思うこともあるでしょう。しかし、適当に「あいつを誘うなら、こいつも呼んでおかないと気まずい気がする」などと、妙な気を回されて、望まれているわけでもないのに誘われる場合もあります。

「一緒にいたくない」相手ほど、そういう失礼な誘い方をしてくるものです。

◆嫌いな人に誘われないための作戦

では、嫌いな人に誘われないためには、どうすればよいでしょうか。

ずばり、**有効なのは、「一人が好き」とアピール**することです。

「一人が好きすぎて困っちゃうんですよ」と自嘲《じちょう》気味に語るのが有効です。恥ずかしいと思う方は、日頃から「一人好きキャラ」を演じておけば、いざというとき誘われずに済みます。

一人好きキャラを演じるには、「孤独を感じさせる趣味」を持っていることが必要です。

わたしは、「趣味は何ですか?」と聞かれたら、必ず「読書」と答えるようにしています。あるいは「写真を撮ること」とも言います。実際に孤独かどうかはさておき、自己紹介用に孤独を想像させる趣味をいくつか保有しておくことをオススメします。

「趣味は？」と聞かれて「フットサル」などと答えてはいけません。マラソンならともかく、チームでやるスポーツを挙げるのは「今度飲みに誘ってよ」と言うのに等しいです。

また、「ランチタイムずらし作戦」も役に立ちます。特に、「前に」ずらして一人で行くのが有効です。

後にずらして行くと、誰か別の人とランチに行ったに違いないと邪推されることもあるので、一人をアピールするには効果的ではありません。

職場全員の脳裏に、一人でランチに行くシーンを焼きつけることで、「ああ、この人はあえて一人を選択する人なんだ」と思ってもらえれば成功です。

◆こちらからお誘いするときは「相手が断りやすい言い方」で

嫌いな人に誘われなくなったところで、次は、気に入った人を感じよく誘う方法について考察していきます。

一般的には、誘いに応じてもらうためには、相手にあまり考えさせないことが重要とされています。

なるほど、セールスの電話は、決まって、受話器を取るなりまくしたててきて、口をはさむ隙《すき》を与えないばかりか、こちらに判断させる隙も与えないかのようです。

しかし、これはとにかく不愉快なので、こちらも心を鬼にして、「今ちょっと忙しいので……」と言って、一方的に電話を切ってしまいます。

つまり、成功率を上げるために強引に誘う手法は、断った相手をいい気分にしないのです。

成功率が下がったとしても**「相手が断りやすいように誘う」**ことを絶対に外してはいけません。

断りやすくすると、成功率は下がりますが、断らない人に当たるまでいろいろな人を誘えばよいだけです。

強引に誘うと気持ち悪い人と思われますが、断りやすい誘い方をしていれば、さほど嫌がられないものです。

では、「断りやすい誘い方」について具体的に考えてみましょう。

①「ダメもとで……」と書いておく

「きっと来てくれると思っています」などと言うと、プレッシャーをかけてしまいます。

「ダメもとで誘ってみました」と書いておけば、相手は「ああ、断るほうがむしろ自然なんだ」と、こちらのことをあまり気にせずに済むのです。

②「断る口実」をこちらから提案する

好きでない人に誘われると、その相手のことをより嫌いになってしまうものです。

なぜなら好きでもない相手から誘われたら、感じよく断る理由を考えなくてはならず、「なんでこんな人のために、自分が頭を働かせなくてはならないの？」という気持ちになるからです。

断る理由ごとセットで相手に提案すれば、断るほうも簡単です。なので、「予算の立案などでお忙しいところ申し訳ありませんが」などと言っておくと、大変心証がよいと思います。

もし、あなたのことをそんなに憎からず思っている場合は、今回断ったとしても、次回は向こうから誘ってくれるはずです。一度提案した後はじっと待っておくのがよいでしょう。

③日時を具体的に指定する

誘い方で一番避けたいのは「いつでもいいので、飲みにいきませんか？」という言い方。これは一発で嫌われます。

なぜなら、断りたい場合、どう返していいかわからないからです。

「○月●日の午後六時から飲みにいきたいのですが、いかがでしょうか?」と聞けば、相手は、スケジュール上は問題がなかったとしても「その時間は別の予定があるので」と言えるので問題ありません。

相手も飲みにいきたいと思ってくれているのに本当に忙しいときは「代案」を提示してくれるので、断られた場合は、そのまま待てば大丈夫です。

④具体的なプランを提示する

また、「○月●日、空いてる?」という誘い方も一発で嫌われます。

なぜなら、相手としては、自分が何に誘われているのかまったく見当がつかないからです。

何をするかもわからず応じるのは難しいもの。

「迷ったら応じない」という方針の方も多いので、なるべく誘う際には、相手が判断しやすいような詳細なプランを提示する戦略が有効です。

⑤二度は誘わない

一度誘ってダメだった人のことは二度と誘わないと決めておくと、誘うほうも誘われるほうもラクです。

一度誘ったら、後は「向こうのターン」になると考えるのです。

もし本当に都合が悪くて誘いに応じられなかったのであれば、必ず向こうから誘いが返ってくるので、それを待ちつつ、ほかの人にアプローチします。

一人に徹底してアプローチするのではなく、無理強いせずに広く浅くアプローチするほうが、傷つく確率が低いでしょう。

ここまで断りやすい材料を提供したにもかかわらず断られなかった場合は、相手はこちらにかなりの好意を持っているはずです。

異性であれば恋愛に発展する可能性も高いですし、同性なら「心の友」になれるかもしれません。

もしあなたが引っ込み思案な方であるなら、誘ってもらうようにこちらから仕向けるという方法も考えられなくはないでしょう。

しかし、誰にでもわかるように「誘って」という雰囲気をムンムンさせると、お望みでない方からのお誘いが来るものです。

また、交友関係が社内で見える化されると、「俺も混ぜてよ」と言ってくる人がいたりして、これまたお望みでない方とのお付き合いが発生してしまいます。

それを考えると、オフィシャルには「一人でいるのが好き」なことにしておき、こっそり気に入った人をメールで誘うという方法が最もスマートだと言えるでしょう。

5章

うかつに「地雷」を踏まない話し方

――うっかり失言&暴言で損をしない「大人の日本語」

19 今すぐに治療したい「上から目線」な日本語

嫌な人を言い表わす言葉として定着した**「上から目線」**。
たとえば、親しい同期でも、こんな会話があったりすると、少し距離を置きたくなるのではないでしょうか。

あなた「伝票、ついでだから一緒に起票しておいたよ」
同期「えらい！　事務的な作業はすごい早いよねー」
あなた「ははは……」（伝票を切ったのに、トゲのあるほめ方をされたよ）

こんな言い方をされると、「なんという上から目線！　こんなセリフを吐かれたら、ほかの同期に愚痴りたくなってしまい、仕事が滞《とどこお》ってしまうじゃないか！」と感じた方が大部分だと思います。

しかし、中には「え～……こんなのが『上から目線』だとか言われたら、何も言えないじゃないか。どれだけ温室育ちで傷つきやすいのか」と感じた方もいらっしゃるかもしれません。

「社長になりたいなどとは思わない。とにかく今の会社でストレスなく長生きしたい」という、ささやかなビジョンをお持ちの方は、偉そうな言葉を使うことは少ないように思えます。しかし、**腰が低いはずの人の発言が上から目線になってしまうことがある、というのが「上から目線の真の恐ろしさ」**なのです。

◆その「うかつな発言」で人生を損しているかも

「上から目線」の話し方が与える不快感について説明するのは、ハチに蜜の甘さについて説明するのと同じくらい馬鹿げたことかもしれませんが、「上から目線」によって与えられた不快感は、多方面に影響を及ぼします。

場のムードをぶちこわしにして、周りを嫌な気持ちにさせるというのも問題ですが、言った本人がひどい陰口を叩かれ、評判を過剰に落とすというのも問題でしょう。

たとえば罪のない人を叩いた場合は、叩いた人の人格が疑われますが、上から目線でものを言う人に対しては、「上から目線だった」ということに乗じて、普通では考えられない陰口（身体的特徴など）を叩いてもいいようなムードが漂《ただよ》ってしまうのです。

自分が正義の側にいると確信した人間の残虐さときたら、ないですよね。

職場における「上から目線」の症例は、主に二つのパターンがあります。

①「当事者意識の欠如」により、悪気なくやってしまうパターン

たとえば、先輩に「もっと早く帰ればいいのに」とアドバイスをしてしまう暇

な新人さん。本人はまるで悪気がないところがやっかいです。経験と想像力が欠けている場合だと、誰でも症状が現われます。

新人が「上から目線」であると槍玉《やりだま》に挙げられるのは、こうしたケースです。

新人さんは、仕事の全体像を把握していません。また、「お客さんとしての生き方」から気持ちを器用に入れ替えるのが難しいこともあいまって、つい「上から目線」になってしまいがちです。

「社会人になる前の三月まで気楽な学生生活を送っていた」と色眼鏡で見られていることもあるので、いっそう「上から目線」へのチェックが厳しくなります。

②「自己評価が高めの人」が陥りやすいパターン

自分のことが好きすぎるために、自分だけでなく、他人も自分のことを素晴らしいと考えているに違いないと思い込んでしまい、傲慢な態度で接してしまうパターンです。

①のパターンについては、時が解決してくれるのですが、こちらの場合は、

「自分が思っているほど世間は自分のことを評価してくれていない」という自覚がない限り、「上から目線」がおさまることはありません。

「あなた、自分で思っているほど仕事ができていないですよ」などと言いにくいことを言ってくれる人はいないものです。

新人のうちは先輩が注意してくれるかもしれませんが、それなりに社会人歴のある相手には、人格に触れてしまいそうな注意はしないものです。

悪役を買い、「恨まれてでも、この人を成長させたい」と思ってくれるような、ずば抜けたボランティア精神を持つ人は稀なのです。

◆「上から目線」を簡単に直せるチェックリスト

では、これらの症例に対しての有効な治療法について考えたいと思います。

「治療法などと、大げさな……」と思うかもしれないですが、「上から目線」が与える感じの悪さは格別です。

あなたの処遇に大きな影響を与えてしまうので、注意喚起の意味も含めて「治療法」と書かせていただきました。

「人の立場に立って考えよう」というようなアドバイスも多いですが、それだけだと精神論に陥ってしまい、具体的な行動は何ら変わらないままになりがちです。

結果、相も変わらず「(ヒソヒソ……)あの人、本当に『上から目線』でしゃべるから感じ悪いよね」などと言われてしまうのがオチです。

そもそも、人の立場を自覚できないタイプの人が「上から目線」になりやすいので、使う言葉を具体的に変えていくことが重要です。

①批判するときは、「実現可能な代案つき」で

新人のころから上司に口を酸っぱくして言われる「代案のない批判には意味がない」。たしかにそうです。

代案がないのであれば、多少欠陥がある企画でも進めるほかはないのです。

ですから、批判するときは「実現可能な代案つきで」というのは鉄則です。

会社で一番嫌われるのが評論家タイプの人です（有能な評論家は代案を用意しているものなので、正しくは三流評論家でしょうか）。

何か言いたくなったときも、**「代案が言えないのであれば、言うのを控える」**ということをルールにしておけば、自然に身の丈に応じた代案が出せるようになります。

代案があれば、少々ネガティブな発言だったとしても、好意的に受け止めてもらえるはずです。

否定ばかりしていると、「だったらお前がやれよ」と思われてしまいます。

仕事にはそれぞれ「持ち場」があるので、こうした感想を持つことも、代案なき批判と同じくらい幼稚なものです。ですが、そんな幼稚な感想を引き出さないためにも、代案は出すべきなのです。

「仕事してる感」を出したいがために無理やりアラを探すくらいなら、適当に同意しておくほうが、はるかに感じがよいのです。

②先生や親に言われたほめ言葉は絶対に使わない

「えらい」「よくやった」という言い方は厳禁です。

先生や親に言われてうれしかった言葉を同じ立場の人に反復したところで、好感が得られるわけがありません。

上司から部下に向けた言葉だとしても、部下からの圧倒的な尊敬と信頼がないと、やはり「なんか、嫌なほめ方をされた」と思われてしまいます。

よいほめ言葉は、

「○○さんみたいな仕事ができるようになりたいです」
「○○さんのことを見習って、私もがんばります」

というもの。これは好感を持たれます。

「えらい」と「○○さんのようになりたい」の大きな違いは**「当事者意識」**。

前者はただ拍手しているのと変わりませんが、後者には一緒に仕事をしているという自覚が感じられます。相手へのリスペクトも感じられて、喜んでもらえるはずです。

③「相手の話」と「自分の話」の比率を同じにする

「上から目線」は、職場での雑談など、気のゆるむ瞬間に現われがちです。しかし、雑談での「上から目線」発言の悪影響は、仕事にも及んでしまうものです。

自分の「上から目線」的なツッコミで相手に「感じ悪い……」と思わせてしまい、仕事に支障が出てしまったときは「個人的な感情を仕事に持ち込むな」と思ってしまいがちです。

しかし、「仕事に個人的な感情を持ち込まない」というのは、あくまでタテマエです。実際、同じ人間がコミュニケーションしている以上、個人的な感情は仕事に影響します。

こうした事態を避けるためには、**「相手の話」と「自分の話」の比率を同じにするよう心がける**ことです。

たとえば、相手が「自分の趣味」について語ったら、こちらも自分の趣味について語る。そうすれば、相手にも平等に、こちらの話にツッコむ機会を与えることになります。

結果として、自己規制が働き、相手に上から目線の「うかつな一言」を言ってしまうことも少なくなります。

もちろん、唇の寂しさに耐えかねて、相手の発言をいじくってしまうと、元の木阿弥《もくあみ》です。ご注意ください。

20 最小限の努力で「空気が読める人」になれる法

「空気を読む能力」というのは、「その場にいる人の気持ちを臨機応変に把握する能力」です。

しかし、コミュニケーションが苦手な人は、「臨機応変が面倒なんだよ」という理由から、その能力を磨くことを敬遠しがちです。

ただ、必要最小限のコミュニケーション能力を身につけてしまえば、臨機応変に相手の気持ちに対応することも比較的簡単です。

相手を問わず使える最小限のパターンを身につけ、その上で徐々に個別対応力を習得しようと考えると、「空気を読む」ことも、そうつらくないものなのです。

◆個性を温存しつつ相手に配慮するには

個性が尊重される時代であるように見えますが、実際のところ、個性があふれすぎている人は生きにくいものです。

かく言うわたしも、「文章が長くて関係ないことがたくさん書いてある。まあ、それが個性なんだろうけど……」などと言われます。

まさにその通りだとわたし自身、思っています。

しかし、たとえば企画書が長ったらしい文章で書かれていたら、要点がわかりづらく、企画も通りづらくなります（ですので、会社で書類を作るときは、常人を装って書くようにして、何とか暮らしています）。

個性には、「お金になる個性」と「そうでない個性」があります。お金にならないからと、その個性について「なかったこと」にしてしまうと、それはそれで生きる意味がぼやけたりします。

個性はそのまま温存しつつ、適度に常人を装う術を身につけることで、心理的な負担は軽くなるのではないでしょうか。

「常人を装う」といっても、個性派の方は、空気を読むことが苦手なもの。「相手がこういう場合はこうする」という普通の受け答えのパターンを教わったとしても、そもそも「相手がどう思っているか」「何を考えているか」を推し量ることができないのです。

個性派である自分のモノサシで計っても、間違った結果しか導き出されないのですから……。

たとえばあなたが、うどんに胡椒《こしょう》を真っ黒になるくらいかけるという、少し変わった嗜好《しこう》を持っていたとします。

そんなあなたが、よかれと思って友達のうどんに胡椒を大量にかけてしまったら怒られてしまいますよね。

しかし、「寿司は、小皿に出した醤油《しょうゆ》につけて食べる」というノーマルな嗜好の持ち主だとしたら、友達の小皿に醬油を垂らしてあげると感謝されることでしょう。

つまり、普通の感覚を持った人にとっては「主観＝客観」なので、自分のしてほしいと思ったことを相手にすればいいだけの話。

つまり、ノーマルな感性を持った人は、主観と客観のズレに無頓着でも、「空気が読めない」と言われることが少ないのです。

しかし、個性的な人にとってみれば「空気を読め」とは「普通の人の思考パターンをシミュレーションし、状況に合わせて臨機応変に行動せよ」ということにほかなりません。

このように考えるだけでも、「個性的な人間はとかく生きづらい！」と思ってしまいます。ですが実は、さほど個性的でない人の場合でも、本質的な状況は変わりません。

なぜなら、「すべての点で普通の人」というのは架空の存在にすぎず、人はみな、部分的にアブノーマルなものだからです。
だから、**自分が普通ではない領域において、「空気を読む」必要が出てくる**のです。

◆「臨機応変に対応」しなくて済む方法

空気を読んで行動する際、面倒なのは、常にいくつかの「場合分け」を用意しなければならないことです。

好きな人に対してなら、自然と、相手が何を望むかを推し量りたくなりますが、さほど好きでない人には、そんな面倒なことはやりたくないはず。

わたし自身、「臨機応変はめんどくさい」と思いますし、空気の読み方について書かれた本には、えてして、「臨機応変に」とさらりと書いてあったりして、詳細について述べられていないものです。

料理の不得意な人が料理の本を見て、「だから『塩少々』の『少々』ってどれくらいなのかがわからないから、困っているんだよ」と思うのと同じく、「だからその『臨機応変』というのを、相手がこんな顔をしたらこうとか、もっと具体的に書いてくれないとわからない」と思うのです。

そこでオススメしたいのが「臨機応変にしない」という考え方です。

誰にでも同じ対応をすると決めておけば、頭を使う必要がありません。応対の基準を人によって変えずにいれば、ラクに受け流すことができるのです。

「臨機応変にしない」方法のポイントは、

「すべてのコミュニケーションを、相手が最もリスキーな人間であった場合を想定して行なう」

ということになります。これに沿って行動すると、流れ作業のようにコミュニケーションを行なうことが可能です。

具体的には、

「感情的で嫉妬深くて、すぐウソをつき、言うことは矛盾《むじゅん》だらけ。反論したら正当であっても怒るし、他人の秘密は何でもバラし、自分に甘くて他人に厳しい」

という人物を想定しておけば十分でしょう。

このように想定しておくと、相手の話の内容に対して最初からノーを言うのではなくて、「なるほど、その点については理解しました」と枕詞につけられるようになるのではないでしょうか。そうすれば、「反論したら怒るタイプ」の人の機嫌を損ねることを未然に防ぐことができます。

また、誰かと会話をするとき、「この人に本音を言ってもいいかしら」と、迷いながらも上司の気に入らない点について打ち明けてみたとします。

でも、その人がすごく口の軽い人間であったとしたら大変。

わたしも「ああ、この人に言うのは全国放送のマイクに向かって話しているのと同じだった」と頭を抱えたことが何度もあります。

「この人になら本音を言ってOKだが、この人には言ってはダメ」などの使い分けが面倒だというのであれば、いっそのこと、誰にも本音を言わない（オフレコ発言をしない）という方法もあるのです。

「本音も言えない人生なんて最悪！」と思う方もいらっしゃるかもしれません。ですが、「空気を読む努力をしてでもいいから本音を言いたい」というのであれば、今から自分が本音を打ち明けようとしている相手は信用できるかどうか見極めてから口にすればいいというだけの話です。

そう考えるなら、さほど面倒とは感じられないはずです。

◆「優等生的な対応」で嫌われることはない

ここで、話しているよく知らない相手が、実はかなりの人格者だったとしましょう。

もしそうなら、ここで紹介したような対応は「優等生的」と思われるかもしれません。

しかし、それで嫌われることはありません。「つっけんどんな対応で感じ悪いなぁ」と思われるよりはるかによいでしょう。

人によって態度を使い分けるスキルが低いなら、無理して頭を使って失敗するよりも、誰に対してもソツなく優等生的に振る舞っていたほうが頭も使わないし、リスクも少ないのです。

誰からも嫌われないための演技力

また、「臨機応変に相手の気持ちを考えない」というのは、必ずしも「傲慢」とイコールではありません。

どちらかと言うと、誰に対しても一律に感じよく振る舞う**「八方美人」を目指す**方向と言えるでしょう。

八方美人は、とかく、悪いニュアンスで語られがちな言葉ですが、それが非難される理由の大部分は、「演技力が足りなくて、ウソくさく見える」からであって、実際の行動に対してではないことにご注意ください。

嫌いな人に対して「あなた嫌い」という態度をあえて取っても、あまり意味がありません。

努力の方向性としては、**好きな人にも嫌いな人にも不快感を与えないような演技力を鍛えることが重要**なのです。

21 嫌われ者から人気者へと転身をとげるシナリオ

「第一印象が大事です」という話は、ビジネスのみならず、恋愛テクニックを指南する本でも語られる定番ですが、本書の立場も同様です。

しかし、たまたま何らかのアクシデントがあって、相手に「最悪の印象」を与えてしまうこともあるでしょう。

プライベートな人間関係なら、「時が解決するさ」と気楽に構えていても大丈夫かもしれません。

しかし、納期が存在する会社の仕事ではそうはいきません。

今日も明日も明後日も「ああ、この人は自分のことが嫌いなんだ」と思いながら過ごすのは大変ですし、結果として仕事のスピードが落ちてしまいます。

では、どうすれば信頼を回復し、好感度を上げることができるでしょうか。

ここでは、**人の頭の中でイメージがどのように形成されるか**に着目しながら、**相手の頭に作られてしまった自分の第一印象を改善する方法**について考えていきたいと思います。

◆相手の脳内に刻まれた第一印象の書き換え方

ある人に対して一度抱いたイメージを変えるのが面倒であることは、1章でお伝えした通りです。そもそも、嫌いな人のことを改めてよく考え、頭の中にあるその嫌いな人のイメージを書き換えることには、それを考える当人にとってメリットがありません。

好きな人について考えるのは楽しいことですが、「嫌いな人について考えて、いいところを探してあげて、あえて好きになってみる」というのは、非常に骨の折れる作業です（字面《じづら》だけ読んでも、ずいぶん面倒な感じがするはずです）。

ですので、人は第一印象で適当に相手のことを分類し、「この人、嫌い」と思った後は何も考えないものです。

「そろそろ改心したかしら」などと思って、嫌いな人のよいところを定期的に探したりするはずがないのです。そんな時間があるなら、好きな人や新しい人との付き合いに費やしたい、と思うのが人情でしょう。

では、どうすれば「この人、感じが悪い」というラベルを「この人、感じがよい」というラベルに貼り替えてもらえるでしょうか？

わたしなりの答えは、**自分について描かれた物語をうまく書き換えること。**具体例で考えていきましょう。

◆どんな偏見を持たれているか読み取る

まずは現状把握からです。

相手が、あなたについてどのような物語を描いているかを確認するところから始めましょう。

たとえば、あなたが遅刻ばかりしているとしましょう。

あなたの上司はそんなあなたについて、次のような物語を脳内で描いているはずです。

「Aさん（あなた）は遅刻ばかりしていて、物事に対してはルーズ。失敗できない案件でも、彼なりにがんばった感じではあるが、アラばかり目立って、いつまで経っても成長しない」

世の中にあるドラマが似たようなストーリーだらけであるのと同様、**人の脳内にある物語も似たりよったりのものが多い**です。

脳内のイメージは、誰に見られるわけでもないのでさらに適当で、テレビドラマより類型化が進んでいるはずです。

相手がこちらをどう見ているのか、というのは、言葉の端々《はしばし》から見えてくるものです。

たとえば、自分の趣味について一言も語ったことがないというのに、相手からアニメやゲームの話を振られた場合。その人の中であなたは「オタク」と分類されており、およそ次のようなイメージを持たれていることでしょう。

「人と接するのが怖い。メガネをかけていてIT系に詳しいが、何でもメールで済まそうとする。一人で行なう作業についてはスキルが非常に高いが、人付き合いを拒むため、周囲に理解されず、そのことで萎縮してしまう」

偏見《へんけん》も甚《はなは》だしいですが、あえて嫌いな人を詳細に分類するような変態はいないので、**ネガティブなものほど類型的になる**のです。

そこで「俺をよく見てくれよ」と反論しても意味がありません。

「アニメやゲームは好きだけど、社交的だし！」と言い返しても「ふーん」と思われるのが関の山。

そこは、言葉ではなく行動を工夫して、スマートにイメージを書き換える必要があります。

ここにはまず、好かれていないという事実があり、そこから、大雑把な類型化が行なわれているのですが、どのように類型化されているかを把握しておけば、**「この物語の続きを考えればいいのだな」**ということがわかります。

たとえば「オタク」と分類されているとわかれば、類型化されたパターンのどこかを書き換えればよいかもわかり、突破の糸口になるのです。

◆相手の偏見を逆手に取る

たとえば、上司の頭にあるお話の中で、「典型的なオタク。引っ込み思案であるがゆえに、重要な報告を怠《おこた》ることもある」という、「いかにも」な役柄を振られた場合。

このお話の「続き」をうまく描き、ハッピーエンドにするにはどうすべきかを考えましょう。

この場合のハッピーエンドの作り方の一つは**「内向的な彼は、実はすごいスキルを持っている天才肌タイプの人でした」**という話。

たしかに、天才タイプだがアラがある場合は、欠点がその才能を際立たせるという効果もあるのです。

また、オタクと分類されがちなのであれば、眼鏡をかけているほうが有利です。「オタクと分類されたくない！」と無駄にあがくよりも、オタクの役柄にわかりやすく合わせた上で、「内向的だが仕事では頼りになるオタク」など、一流のオタクになる努力をしたほうが、スムーズなのです。

「見かけだけで、そんなにうまくいくはずがない」と思われるかもしれませんが、**意外にも評価は見かけで変わってしまう**もの。

学校では「服装の乱れは心の乱れ」などと言われてきましたよね。これは裏を返すと、「人間なんて、服装だけでその人の人格を決めつけてしまう、しょうがない生き物なのだ」ということでもあるのです。

失敗しても「反省物語」という復活法がある

さて、もしまだ言葉を交わして数週間というのであれば、相手の脳内での配役も完全には決まり切っていないでしょう。そのため、鮮烈なイメージを与えることができれば、配役を変えてもらえる可能性もあります。

しかし、物語が構築されてすでに数年、というのであれば、もう役としてはベテラン。こうなっては、**「反省物語」**を演じるしかありません。

結婚したとか、大失敗したとか、誰が見てもわかりやすい契機を利用して、**意識的にキャラクターメイキングを行なう**しかないでしょう。

たとえば遅刻が続いている人は、こっぴどく叱られた翌日から、三十分以上早く出社するなどが有効です。

しばらくそれを続けることができたのであれば、「何でもルーズで信用できない」という印象は捨ててもらえるでしょう。

改心した人というのは、最初からきちんとしていた人よりも印象がよくなることもあるほどです。

「反省物語」を効果的に演出するには、「明日からちゃんとしよう」と決めて徐々に遅刻をなくすようにする、というのは効果的ではありません。

「ある出来事を境に人が変わったように」というのが、印象を鮮烈に変えるための秘訣です。

大切なのは「鮮烈な印象を与えること」

自分にとって不利な物語が作られて半年にも満たないという場合は、鮮烈な印象を与えることに成功すれば、「今までの印象は間違っていたな」と素直にイメージを書き換えてもらえる場合もあります。

ただ、相手にとって、あなたのイメージを書き換えることに何のメリットもないことは依然として変わりません。

相手が飲み込みやすいような、**今までとは逆のイメージをわかりやすく与える**ことが重要です。

「一見するとわかりにくいけど、実は……」というような、渋いイメージチェンジをしても意味がありません。

「瞬時にはわかりにくいもの」を、人はわざわざ理解しようと試みません。物事をあるがままに把握し、記憶するのは難しいので、把握しやすいひと続きのお話として、出来事を心の中に留めています。

一見すると「物語」とはかけ離れているように見える「仕事」というシーンでもこれは同様です。**物語の登場人物としての自覚を忘れないことが重要**なのです。

㉒ 悪い印象を残さず「早く帰る」「休暇を取る」

ソツなく、大過なく勤めていくためには、過度な労働で「命の炎」を燃やしすぎないことがカギであることは重々ご承知かと思います。

しかし、プライベートばかり重視する人は、それはそれで心証がよろしくないものです。

ずばり、**会社で長生きするためには、休みは取りすぎないほうがよい**でしょう。

「そんな昭和を感じさせる精神論を……」と思うかもしれませんが、世の中はすごく単純で、昭和をとうに過ぎた現代でも、残念ながら組織の多くは精神論で動いているのです。

想像してみるとわかります。

あなたが仮に大忙しだったとします。思わず、ぼそっと「限界かも」とつぶやいて、ふと脇に目をやると空席が……。

その席の主が海外旅行をしていたら、正直なところ、どう思いますか。そこで尻拭いのような仕事が発生したらどう思いますか。

たった五分で終わる仕事だとしても、まるまる一日かかったかのような気持ちになることでしょう。

このような心の狭さは、誰にでもあるものですし、そもそも、今に始まった話ではありません。

夏休みの宿題をみんなでやろうと集まったのに、宿題が早く終わった誰かが、一人だけゲームをしていたら頭に来たでしょう。

実際のところ、上司が「休むな」と命じているのではなく、わたしたち一人ひとりが、無意識のうちに、休めないムードに逆らうどころか、そのムードを支えているのです。

◆職場の空気を読んで休むのが無難

まず重要なのが、**休みを取るペースを人に合わせる**こと。

だいたい自分と似たような立場の人の動きをベンチマークし、休みを取るペースを揃えておくといいでしょう。

また、休みを取る相談を口頭でするのか、メールでするのかは、ミスを報告する際の方針と揃えておけば安心です（198ページ）。

休暇は労働者の権利なのに、ミスと同じとはどういうことかと思うかもしれません。権利があるというのは事実ですが、そのことに上司が心の底から納得しているかというと話は別。

ずばり「休むな」と口にすることははばかられるが、できれば休みは最小限にしてほしいと無意識に願っている上司もいるのです。

また、休んだ翌日は、早めに出社することをオススメします。そうすることで「あたかも休んでいなかったかのような感覚」を持ってもらえるので好印象です。

上司より遅く出社して、着席するなり「休み中にこんなことがあったけど」と知らされるのではなく、あらかじめメールを確認し、発生した問題について上司が出社するころには解決への動きを取っておきます。すると信頼感も高まり、スムーズに通常業務に移ることができます。

また、休みの感想について聞かれた場合ですが、どれだけ楽しかったとしても、それをストレートに表現することにはリスクがあります。

かといって、「全然楽しくなかったです」と言うと、「せっかく休みをやったのに楽しまなかったのかよ」という気持ちにさせてしまいます。

「ええ、楽しかったのですが、仕事がちょっと気になったりして……なかなか気が休まらないものですね」と言うのが無難です。

◆ちょっと早めに帰りたいときのテクニック

休みを取るのと同様に、**早く帰るのにも細心の注意が必要**です。

たとえば、「帰る直前に、人に仕事をメールでお願いしない」こと。

相手から質問や返事が来ても、回答が翌日になってしまいます。

「帰る直前にこっちに仕事を投げて飲み会に行くのかよ」と不快にさせてしまいます。人に仕事をお願いする場合は、できれば午前中のうちに依頼しておくのがベストです。

また、「早く帰れるキャラ」としての設定をしておくことも重要です。

当然ですが、単に早く帰っているのではなく、**「集中して仕事をするタイプ」という印象を周囲に持ってもらえるように工夫**しましょう（というか、早く帰れるということは、とりもなおさず集中して仕事をしていたおかげであるはずですが）。

ふだんから「集中して仕事をしています」ということを周囲に十分に伝えておくとよいです。

脇見をせずにパソコンに向かい、黙々と仕事をし、時には呼びかけられても反応できないほどにしていると、十分なキャラ設定ができるはずです。

早く帰ったり、休みを取ったりすることに神経を使うのはバカバカしいと思うかもしれません。

しかし、ここで「仕事をサボっている」「仕事をやる気がない」などのレッテルを貼られてしまえば、致命傷となりかねません。

プライベートな時間を確保するお作法にこそ、仕事以上に細心の注意を払うべきなのです。

6章

それとなく「努力の跡」を見せておく

——ずるいくらい好印象になる「大人の日本語」

23 「ホウレンソウ」を巧みに使いこなす

「報告・連絡・相談」と言えば、新入社員研修では**「ホウレンソウ」**として叩き込まれる基本中の基本。しかし、やり方を間違えると、意思決定のスピードが遅くなるという弊害もあります。

たしかに、報告も度が過ぎると仕事の滞りを生みます。

取引先と行なった一時間の会議について報告するのに二時間もかけるのであれば、上司が直接、取引先との会議に出席したほうが話が早いでしょう。

こう書くと「コミュニケーションを簡潔に!」「ホウレンソウは必要最低限に!」と思われるかもしれません。しかし、冷静になって考えると、自分の評価に傷がつくリスクを負ってまで、組織の風土を大胆に改革する必要はないはず。

仕事に多少、滞りが発生しても、今の会社で手堅く評価を得ることを考えるのであれば、「ホウレンソウ」は十分に行なったほうが安全なのです。

相手のコミュニケーション・スタイルの好みを押さえる

昨今はデジタル化が進み、電話やメールのほかにも、さまざまなコミュニケーションツールが存在します。一般的には「ツールが何であれ、内容が過不足なく伝わればよい」はずですが、現実はそうでもありません。

メールやチャットでコミュニケーションするのが好きな人に口頭でコミュニケーションを取ろうとすると「集中しているのに話しかけないでほしい」と思われます。一方で、「口頭でのコミュニケーションこそ真心が伝わる」と考える人に対して、メールやチャットで連絡すると「無礼な人だ」と思われることがあるかもしれません。

これは、論理的にどうこうという話ではありません。その人の動物的な感覚に基づいてツールの好みは決まるので、あれこれ考えても仕方がないのです。**相手のお好みに合わせて、その人とのコミュニケーションスタイルを選択するのがスマート**なのです。

①「メール派」の人

まず、メールやチャットでコミュニケーションするのが好きかどうかの見極め方について考えましょう。メール派の人は、

・緊急の連絡でもメールでしてくる
・テキストが長いが、読みやすい

という特徴があります。たとえば次のようなテキストです。

「おつかれさまです。
明日の会議について、一点お願いがあります。

前回の会議から、市場環境が若干変化したと思うので念のため、売上予測の最新版を印刷して持ってきていただければと思います。
お手数ですが、よろしくお願いいたします」

②「口頭派」の人

逆に、句読点がない人、文が短い人、完全に会話調の文面で書いてくる人は「デジタル嫌い」の可能性が高いです。

「おつかれさまです
明日の会議、売上予測の最新版も印刷して持ってきて
よろしくおねがいします」

このような文面を書く人は、口頭でのコミュニケーションがお好きです。
こういう人には口頭で話したほうが事がスムーズに進みます。報告をメールな

どでしないよう、気をつけたほうがよいでしょう。

◆「ミスの報告」――外せないポイント

より慎重に判断しなければならないのが、ミスの報告です。ミスの対応では、即時の判断が必要なので、手段を問わずスピードが重要になります。しかし、ミスの内容が複雑だと、口頭で説明してしても理解してもらいにくいもの。「何か問題が起きたことだけはわかるが、肝心の何が起きたかが把握できない」という、上司にとって非常にストレスフルな状態になります。

ほかの人のミスの報告方法を参考にしつつ、口頭で報告する場合も、要点を簡潔に示したメールを前もって送っておくとよいでしょう。文面の締めを「この後伺います」とすれば、わかりやすさと感じのよさを両立することができます。

手段を問わず、「この程度で大げさな……」と思われるくらいの対応をしたほうが、会社員生活が長続きします。

24 報告の頻度は「高め」が絶対安心

報告のツール（メールやDMか、口頭か）については前の項目で説明したので、次は「どこまで報告するべきなのか」について考えていきたいと思います。

次のような二つの失敗パターンから考えてみます。

①報告を怠り、勝手に判断して行動したら、その判断が誤っていた

②報告の量が多すぎて上司が受け止め切れず、判断や指示をもらえなかった

①「報告を怠った場合」と②「報告の量が多すぎた場合」は、最終的にはどち

らとも同じ結果を生みます。

まさに「過ぎたるは猶《なお》及ばざるがごとし」を地で行く話ですが、それはあくまでも「会社の業績に与えるインパクトが同じだった」というだけの話。**あなたへの印象には天と地ほどの違い**があります。

報告を怠った場合、「サボっている」「人の言うことを聞かない」という印象が発生し、業績に与えるインパクト以上に、あなた自身の評価が下がります。

それに対して、報告の量が多すぎる場合は、優先順位をつけなかったことについては叱責《しっせき》を受けるでしょう。

しかし、それは「熱心さが空回りした結果」であるとみなされるので、圧倒的に好印象。

「まあ、熱心なのはわかるけど、優先順位っちゅうものをだねェー」という注意を受ける程度です。

◆「控え目に」かつ「根拠とともに」自分の考えを添える

しかし、上司の身になって考えてみると、報告や相談が多すぎると「何でもかんでも聞くな、ガキの使いじゃあるまいし、ちょっとは自分で考えろ」という気持ちにもなるはずです。

なるほど、部下にとって上司は「世界に一つだけの花」ですが、上司にとってはそうではありません。

部下の全員からすべてを報告・連絡・相談されたら仕事になりません。**相手の労力を最小限にするホウレンソウ**を行なうべきでしょう。

「お見積もりをいただきました。システムの保守費用については、過去、実績ベースのほうが安くあがっていたので、改めて実績ベースで出してもらうようにお願いしたいと判断しましたが、その方針で大丈夫でしょうか？」

という形で、いったん、**自分なりに考えた方針を、控え目にかつ根拠とともに添えておけば、上司はOKかNGかを言うだけなのでラク**です。

なお、「控え目かつ根拠とともに」を欠いてしまうと、何も考えずに報告しているのと同様の印象を与えてしまうので、必ずこの二要素を入れておくとスムーズに相談できるはずです。

「ホウレンソウは多めに」というのが手堅く生きるのに有効なのは確かですが、一点だけ気をつけておきたいのが**「明示的には言質《げんち》を取らないこと」**です。

自分の上司を取り調べるような真似は、印象をとたんに悪くするので注意が必要です。

たとえばホウレンソウのしすぎで誤解を招いたとしても、上司を責めてはいけません。まず形だけでも謝るべきです。

「報告しすぎて埋もれてしまいました……。優先順位をつけておらず、申し訳ありませんでした」と言っておくのが無難です。

「先日、報告しましたよね？」と上司に迫ったり、自分の保身を考えて上司の言質を取ったりするのではなく、あくまでも「自分の側に問題があった」という態度で話を進めると角が立ちません。

メールを「どこまでCCするか」問題

メールを同送（CC）することで、「ホウレンソウ」が気軽にできるようになりました。

いちいち各方面に「報告行脚《あんぎゃ》」をするよりラクなので、保身の意味も込めてつい「念のためにCCしておくか」という気分になりがちです。

しかしそうすると、相手としては「大量のメールに追われる」という問題が生じてきます。これに対しては**上司からのメールがどこまでCCされているのかを見極めて、それに倣《なら》う**のが有効です。

反対に「どこまで共有しないと怒られるのか」を試すのは、重大な報告漏れが予想されるのでオススメできません。

前述の通り、「報告しすぎて失敗」と「報告しないで失敗」とでは、どちらも会社に与える結果は同じですが、印象がまったく異なります。

ccで送ったメールがどの程度読まれているのか気になる場合は、「先ほど、念のためと思ってメールさせていただいたのですが」と軽く聞いてみましょう。「ああ、読んでなかった」という返答を三回程度もらった場合は、ccから除外してよい権利を得たとお考えください。それ以降は、たとえ報告が少ないと言われても、「メールを送りすぎるのもご迷惑かと思いまして」と返すことができるのです。

以上、ホウレンソウにおける立ち振る舞いについて考えてきましたが、業務の効率にとらわれすぎず、「頻度は高め」にしておいたほうが無難なので、愚直に報告していくことをオススメします。

㉕ 無駄な会議で「大きな成果」をつかむ法

無駄の温床になりがちな会議。

堂々めぐりの議論、出席する必要がないのに呼ばれる、など、イライラすることも多いかもしれませんが、ここでは、発想の転換が必要です。

おそらくあなたは「会議は物事を決めるものである」という考えにとらわれているからイライラするのです。

たしかに、物事は決まらないより決まったほうがいいのですが、「決めること」に集中しすぎると、嫌な顔をされることもあります。

「会議とは何をする場なのか」を理解した上で、適切な態度で臨むと感じがよくなります。

意見がなくても「存在感」は醸し出せる

自分が会議の主催者でない場合や、会議の結論がどうなっても自分の仕事には大して影響がない場合、「こんな会議に時間を取られるなんて……」とカリカリするよりも、参加している顔をしながら、ほかの仕事をこなすほうがスマートです。

ただ、ほかの仕事に集中するのも感じが悪いので、相槌《あいづち》を打ちながら、適宜意見することは必要でしょう。

しかし、無駄に集中して議論に入っていったり、当事者でないという気楽さから、実行不可能な代案を出すのは避けたいところです。万が一、そのアイデアを上司に気に入られてしまい、実務の担当者に恨まれてしまったりするのであれば、何もしないほうが絶対に会社のためになります。

こうしたシチュエーションでは、**「ちゃんと参加はしているが、会議の流れを乱さない存在」**を目指すべきです。

最も有効な方法は、会議の流れを見極め、その流れを後押しする方向で援護射撃を行なうことです。

多くの場合、会議の流れは会社の方針と一致するので、ここで積極的にイエスと言っておけば、無難な上に好印象です。

くれぐれも、**あなたの貴重な知力を、会議を中断する方向で使わないでください。**少々「できない人」と思われたとしても、会議の流れには従っておきましょう。それがつらいなら、流れを踏まえた上で、誰かが意見した際に、その意見をより強力に裏づける論拠を一つ二つ提供することで好印象を与えましょう。

◆会議での「言った言わない問題」を丸く収める方法

「決定事項と未決定事項、未決定事項の場合は、それを決定するスケジュールを書き添えたものを」というのが、会議で作成する議事録の常識ですし、議事録を取らない会議を行なうと、後で言った言わないの話でもめてしまいます。

しかし、言った言わないの話になった際、議事録を参照すればめでたしめでたし、となるかというと、そうでもありません。

言った言わないが明らかになれば、事実を誤認した人はばつの悪い思いをします。そして、事実を誤認したほうは、多くの場合、誤った記憶を脳にとどめていたのではなく、自分に有利なように記憶を書き換えているのです。

つまり、その人の**黒い欲望が知れ渡ってしまう**結果になるのです。

議事録は、裁判における物証のようなもの。決定事項の単なる確認以外の目的で使うと、心証を損ねる危険性があります。

特に利害が複雑に絡み合う心理戦がくり広げられる会議の場合、議事録を参照することで禍根を残し、まったく別の場所でつらく当たられることもあるでしょう。

仕事の大部分は感情によって動いているので、心証をよくすることは最優先されなければならないのです。

事実を誤認していた人も、いい大人なので、「議事録なんて持ち出しやがって！」とストレートに口にすることはないとしても、「ああ、記憶違いでした。申し訳ありません」と詫びる口許《くちもと》は震えていることでしょう。

以上のことから、意見が割れた会議の「証拠物件」として議事録を持ち出すのは好ましくありません。

では、どうすればよいのか？

会議の場で、結論を参加者、特に決定権を持っている人に印象づけることが重要です。

会議の最後に、結論を完璧に把握しているあなたは、わかっていないふうを装い、こう口にします。

「あ、会議の流れについていけていなかったらすみません……。最終的な結論は、どうなったんでしたっけ。○○という認識で大丈夫でしょうか？」

このような形で、しっかり全員の記憶に残しておくことが重要なのです。

結論を確認した上で「この結論だったら、こうなってああなるわけか、なるほど」とみなに聞こえるようにつぶやいておくと、よりよいでしょう。

決定後の「見通し」や「流れ」が誰かの口から語られることで、いっそうその結論が参加者の脳裏に強く焼きつくはずです。

◆会議は「感情が交錯する場」と心得る

意思決定を速やかに行なうことは重要ですが、それも時と場合によります。

「速やかな意思決定ができる人」というのは、デキるサラリーマンのセルフイメージでしょう。しかし、セルフイメージと客観的事実とは異なります。

「わたしってサバサバしすぎてて色気がないって言われるんだよね」とか言いながら、怨念《おんねん》がコートの裾《すそ》から立ちのぼっているような女の人がいます。そのオッサン版が「意思決定は速やかにしないとね。ダラダラした会議は効率が悪いよ」などと発言する人だとお考えください。

誰しも「かくあるべし」というイメージがあります。小さいころにとにかくほめそやされてきたような人の場合は、自己評価がどうしても高くなってしまい、その結果、セルフイメージと周囲からの評価がまるで逆、という状況すら発生することがあります。

会議も同じです。「会議では意思決定を速やかに行なう」という理想があるものの、実際は「何も決まらない会議」が世にはびこっています。

意思決定がされない会議がどのような役割を担っているかというと、単なる時間潰しであったり、あるいは、カラオケボックスで、お互い好きな歌を歌い合うように、各々が言いたいことを言い合うだけの場だったり、いろいろです。

これを「効率が悪い」と言い捨てるのではなく、積極的にとらえるようにしたいものです。「参加者が満足できる会議にする」と考えるほうが、スッキリするのです。

次に、**「参加者が満足できる会議にする」ための対応方針**をまとめます。

①専門分野を持っている人に話を振る

専門分野を持っている人が出席していた場合、その人の得意分野をおかすような発言は禁物です。なぜなら、その人が会社にいづらくなるからです。

その専門分野について、その人がどの程度造詣《ぞうけい》が深いかは、とりあえず置いておきましょう。その人が「この分野は俺に任せろ」と思っている場合、その専門分野に無断で足を踏み入れると、禍根を残すことにもなりかねません。

専門分野を持っている人には、形式上でも助言を求めると感じがよいでしょう。ただ、専門性をアピールするあまり、こちらの言うことに難癖をつける方もいらっしゃるので、その場合は、次の方法で対処するのがオススメです。

②反論するのが趣味の人には、「ツッコみどころ」を用意する

イエスばかり言っていると仕事をした気にならない、という人がいます。特に上司はそうなりがちです。

部下が順調に仕事をしていれば、上司の仕事量は圧倒的に減り、業績も好調になるわけですが、それとは裏腹に「自分は仕事をしていないんじゃないか」という罪の意識が、上司の心に芽生えてくるのは当然のこと。

そうなると、上司としては会議でも簡単にイエスと言ってはいけないような気がしてしまい、ひどい場合は難癖をつけるつもりで会議に参加したりもします。

そういう場合は、わかりやすい「ツッコみどころ」を準備しておき、会議中にツッコんでもらうのがいいでしょう。

会議は「議論する場」であると同時に、「感情が交錯《こうさく》する場」でもあります。

それを踏まえて行動することで、大きな成果が得られるのです。

㉖ 妬みを買わない「ほめられ方」

残念ながらこの世の中では、よほどの能力がない限り「出る杭」になることは許されていません。

「分をわきまえよ」という文化がこの国を停滞させているのかもしれませんが、無駄に出る杭になって得をすることがないのは事実でしょう。

たとえ大きな成果を上げたとしても、適度に協調していきながら、「出すぎないよう調整する能力」が、毎日を平穏に過ごすためには必要となってくるのです。

ここでは、心証の悪い「出る杭」となって叩かれないような日本語を研究していきたいと思います。

◆応対ひとつで好感度は変わる

けなされたときは、とりあえず笑顔でやりすごすか、神妙に反省していればよいだけなので、さほど頭を使う必要がありません。

一方で、ほめられたときは、周囲の妬《ねた》みを買う危険性もあるので注意が必要です。

ほめられたときの応対をレベル別に紹介します。自分がどのレベルにいるかも合わせてチェックしてみてください。

レベル1「よく言われます」

「今月の売上すごいねぇ」

「○○さんにも言われました」

さすがにこういう返し方をする人は稀ですが、この答え方にはまずい点が二つあることを、心に銘記してください。

一つは高慢な印象を与えてしまう点。

もう一つは、ほめ言葉を贈ってくれた相手を「あなたはワン・オブ・ゼムだから」と無下《むげ》にしている点です。

この点に気づかなかった人は、最高でも次のレベル2止まりになってしまうので、ご注意ください。

レベル2「そんなことないですよ」

「今月の売上すごいねぇ」

「そんなことないですよ」

たとえば美人と言われた場合でも、調子に乗らず「違います」と否定する……。

よほどのことがない限り、日本人には謙遜の機能が標準装備されています。

これだけで満足して「わたしって空気読めてるよね」と誤った自己認識をしてしまう人も多いものです。

しかし、このような返答をする人は「無自覚な自己中心派」の典型的なパターン。思い当たるところがあれば、すぐに改善すべきです。

ほめたにもかかわらず否定されると、相手は心証を悪くします。

特に、お世辞だった場合、心の中で「面倒くさいのを我慢してほめたのに……。お世辞を言って損した！」と思われては目も当てられません。

該当する方はレベル3を参照し、治療に励んでください。

レベル3「ありがとうございます」

「今月の売上すごいねぇ」
「ありがとうございます」

レベル2の何がまずいかというと、ほめてくれた人に対しての感謝の気持ちがゼロで、しかも、自分の話しかしていないところです。

「そんなことないですよ」＝「自分は思い上がっている人間じゃありません」という意味でしかありません。

そこには「相手に気持ちよくほめてもらう」という発想が皆無。

「感謝の言葉を返すなんて、お世辞を真に受けているみたいで恥ずかしい」と思う人もいるかもしれませんが、ここはプライドは捨て、この例のように**「お世辞を真に受ける単純な人」を演じるべき**なのです。

顔面に力を込め、顔を赤くし、「え～！　そうですか～！　うれしいです！」と言いましょう。

レベル4「光栄です」

「今月の売上すごいねぇ」

「○○さんを目標にしているので、ほめていただけて光栄です」

ほめてくれた相手のことをある程度知っている場合、レベル3の配慮をさらに強化してレベル4にすると完璧です。

ほめてくれた相手を「ほめ返す」ことで、ほめた相手のほうがうれしくなります。

「あなたみたいな素晴らしい人にほめられるなんて光栄です」と言うことで、自分を下げつつ相手を立てるのです。

27 分をわきまえた「ほめ方」

「出る杭」にならないためには、**「自分のよいところを隠す」よりも、「ほかの人のよいところを強調する」ほうが健全**です。

具体的には、**人をほめる**ということです。

人をほめておくと好感度が上がりますが、ここでは、その効果を最大化する方法を考えたいと思います。

たとえば、「歯の浮くようなお世辞を言う人」と「めったに相手をほめない人」の二択であれば、どう考えても前者のほうが心証がよいでしょう。

「わかりにくい真実」よりも「わかりやすいウソ」のほうが愛されるのが、世の中の定理だからです。そして、好感度を上げてストレスなく世間を渡っていったほうがいいので、基本的にはどんな相手のこともほめるスタンスでいく八方美人をオススメしたいのです。

しかし、歯の浮くようなお世辞をたくさん言うことで八方美人であることがバレると、ほめたときの効果が半減してしまい、もったいないことになります。

そもそも、「ほめる」というスタンス自体に反発を誘発する可能性があります。なぜなら「上から目線」と受け取られる可能性もあるからです。ですので、できる限り相手と同じ立場からほめるようにするのが好感度アップの秘訣です。

「感激する」というスタンスで言葉を発すると、より効果的でしょう。

◆リスク対策もバッチリの実践例

以上の基本姿勢を踏まえた上で、わたしが実践しているのはこんな方法です。

①副詞を多用しない

いわゆる「歯の浮くようなお世辞」がなぜ不快なのかを分析してみると、「大げさである」ことと「絶対思っていないことを言っている感じがあること」がその源泉と考えられます。

前者については、**副詞を多用しない**ことで軽減されます。

たとえば「昨日の企画書すごくよかったよ！」だと、適当に言っている感じが目立ってしまいます。そういうときは「すごく」を使わないでほめることを考えてみるのです。

副詞に頼れない分、具体的にほめないといけないので真実味が増すはずです。この例でいうと、「昨日の企画書、ターゲット顧客が明確で、うまくいくと確信したよ！」のほうが適切ですよね。

②「感想」ではなく、「自分の行動」に言及する

ネットでは「コーヒー吹いた」という表現をよく見かけます。「コーヒーを吹

いてしまうほど面白かった」という意味ですが、これは大変高度なほめ方だと思います。

「面白かったです」と言われると、つい「本当に面白かったの？」と聞きたくなりますが、「コーヒー吹いた」では、「面白かった」という単なる感想ではなく、その面白さによって何が起こったかを説明しています。そのためにウソ臭さが減り、説得力が増すのです。

たとえば、「○○さんの言葉に感動し、わたしも実際に○○さんのようにしてみたらすごくよかったです」なら、それが本気でなかったとしてもバレません。

③よいと思ったことのみを強調する

たとえば、マイペースがすぎて手を焼いている人に対して「奔放《ほんぽう》なところがステキだよねー」などと言ったとします。すると相手は大喜びするかもしれませんが、マイペースにお墨付きを与えたことになってしまいます。

その場限りの関係ならば一向に構わないのですが、継続して関係を持たなくてはならない相手の場合、欠点を受け入れるより、長所を強調してほめましょう。

それがきっかけで、欠点だった行動が改善される場合も、たまにあります。

④あえて「人前」でほめる

あえて人前でほめると、相手はいっそう誇らしい気分になることでしょう。周りのムードもよくなります。それに何と言っても、人をほめているあなたの素晴らしい人格を知らしめることにもなるので、モソモソとほめるよりもお得です。

ただ、一つの課で同じ業務についている人が二人いるときに、片方だけをほめないよう注意が必要です。ほめられなかったほうが誹謗中傷《ひぼうちゅうしょう》されたような気持ちになってしまったりすることがあるからです。

⑤当人のいないところでほめる

当人のいないところでほめる……ここまでされると、たとえ本心からほめていなかったとしても、「お世辞じゃないの？」と疑うことは不可能です。

しかし、嫉妬心が強い人の前でほめると、かえってトラブルを引き起こしかねないので要注意です。ほめたい対象と仲のよい人に聞こえるようにしておくと、安全かつ効果的です。

⑥時間を置いてもう一回

その場でほめるのも重要ですが、同じ内容について時間を置いて改めてほめると、「お世辞で言っているのではない」ということが伝わって効果的です。

ただし異性が相手の場合、内容によっては単なるストーキングに見えてしまうこともあるので注意が必要です。

⑦具体的に、かつ評論家ふうにならずに

ほめるときは「具体的に」というのはいいことです。ただし、「気まずい雰囲気になったときの空気を変えるためのコメントなど、○○さんは気づかいが素晴らしいですよね」

といったほめ方は、相手が目上の人や同僚なら、危険が伴います。こうした言い方は、特に「理屈っぽい人」がやってしまいがちです。

「具体的」にほめることを心がけるあまり「分析的」になりすぎると、評論家のコメントのように聞こえてしまうのです。

「○○さんは、気まずい雰囲気になったときに空気を変えるようなことを言われますよね。○○さんみたいな気づかいができるようになりたいです」

このように言い換えると、俄然《がぜん》、感じがよくなります。「あなたに共感しています」と聞こえるような言い方にしておくと、「ほめているのに嫌われた」ということがなくなるのです。

⑧人と比べない

ほめられると、人はつい、「こういう感じでほめられたんだよね」と、友達に言いたくなるものです。ですから、絶対にしてはいけないのが、人と比べること。言いふらされたら困ってしまうような言い方は避けるべきです。

たとえば、

「△△さんに比べて、〇〇さんは適切な仕事ぶりだよね」というような言い方は、とても危険です。言わないほうがいいくらいです。

「△△さんに比べて」の部分は、まったく必要のない言葉ですし、誰かが得をするものではありません。

「わたしをほめたいのか、それとも△△さんを叩きたいのかどっちなの？」と思われるのが関の山なので、比較対象は心の中にしまっておくほうが無難です。

「人をほめるのもラクじゃない」と、ゲンナリした方もいらっしゃると思います。ですが、ほめるテクニック、ほめられたときのテクニックを身につけることで、昇進したときや目覚ましい成績をおさめたときも「出る杭」にならずに済みます。

万一のリスク対策として、お試しくださいませ。

㉘「ライフハックを超える戦略的な愚直さ」

世間で言う仕事術やライフハックで扱われているのは、主に「仕事を要領よくやる方法」ですが、仕事における効率を追求することが、必ずしも人生を実りあるものにしてくれるとは限りません。

なぜなら、要領よく仕事をこなしても、その先には新しい仕事が待っているので、かえって仕事に追われやすくなるからです。

また、要領よく生きている人に対しての根強い偏見も横行しており、いろいろな方面に茨《いばら》の道が待っているのです。

一方で「要領よくやらない派」というのもいます。それはそれで、単に、要領がよくないことを棚に上げて開き直ることで、自分を正当化しているようにも見えます。

狙うべきは、これらのどちらでもない**「戦略的な愚直さ」**です。

愚直にやるのが、実は人生において最も効率のよい方法なのです。

◆「がんばっている感じ」を軽視してはいけない

たとえば、消しゴムを作る会社の営業部に勤務していたとします。

業績が悪化していて、営業成績を何とかアップさせたいと考えたとしましょう。

愚直にやるのであれば、今まで付き合いのなかった店に商品を置いてもらうようにする、などの方法が考えられますが、冷静に考えて、それで業績がアップするのであれば、そもそも今、それほど困っていないはずです。

業績を伸ばすためには、顧客へのアプローチ方法を変えたり、売れるコンセプトの新製品を考えたりするといった「頭を使う方法」のほうが、目標を達成する可能性ははるかに高いことは、誰もが納得するだろうと思います。

しかし、「見た目の印象」は、必ずしも後者のほうがよいとは言えません。足を棒にして歩き回るのと、パソコンの前で腕組みして考えるのとでは、不思議なことに、業績につながりにくそうな前者のほうが、絵として見ると「がんばっている」感じがするものです。

「理論的かどうか」よりも「どんな感じがするか」が仕事では重視されると今まで主張してきましたが、これも同じです。

「がんばっている感じ」を軽視してはいけないのです。

政治家に対する世間の扱いを見るとよくわかります。スキャンダルや少々の汚職が国家に与える影響は微々たるものです。しかし、それらが致命傷となって辞職する方は多いものです。

一方で、国家に与える影響が大きい「政策の失敗」で辞職する方は、さほど多くありません。国家に与えた損失の大きさは、非難される度合いとはあまり関係がないのです。

これと同様で「仕事ができないために怒られる」よりも「不まじめなために怒られる」ことのほうがはるかに多いのです。

となると、「まじめに仕事をしてみる」というのは、仕事におけるリスク回避としては非常に使えるはずです。

◆スキルがないのに許される人

愚直にやることのメリットの一つは、**「スキルがないのをごまかせる」**ことです。

おそらくあなたのお勤め先にも「仕事ができるってわけじゃないけど、まあ人がいいからね。あの人は」と許されている人がいるのではないですか。「愚直にやる」ことを実践するだけで、そのポジションを得られるのですから採用しない手はないでしょう。

ここで気をつけたいのが、「スキルの有無」と「性格の良し悪し」は別の問題であるということ。

安物のドラマなどで「仕事はできるが冷酷なエリート」と「仕事は苦手だが人情派のサラリーマン」の対立がよく描かれますが、お話的には、後者が常に勝利することになっています。

しばしば東大卒が「冷酷なエリート」として描かれているため、東大卒のわたしは、冷酷なエリートが勝利する結末を期待するのですが、どうやら**人情派に肩入れするのが普通の感覚**だと言えそうです。

ならば、読者のみなさまも人情派サラリーマンを演じたほうがお得でしょう。


しかし、ここで考えなければならないのが、「愚直にがんばる人情派」と「単にスキルのない状態」とは違うということです。

たとえば職場の、「でも、あの人いい人だよね」と許容されている人と、「また、あの人ミスしてる。給料泥棒だよね」と、ひどい陰口を叩かれている人。

スキルのない人にも二種類があるかと思うのですが、ひどく叩かれるのは「仕事のスキルがない」上に「人柄がよろしくない」人です。

スキルをアップするのが難しければ、「人情に訴えかける」手を考えてみても……いいかもしれません。

ただ、明示的に訴えないようにするなど、さまざまな工夫を凝らす必要があります。

たとえば、テクニックのないセールスパーソンが「買ってくれないとクビになるんです」と顧客に懇願しているシーンを見かけることがありますよね。

これは、あからさまにやりすぎて失敗している例です。

「効率最優先」は意外と評判が悪い

あなたが「会議がダラダラしていて物事が決まらないのが、非効率の元凶である！」と考えたとしましょう。

そこで「会議を早く終わらせる術」を仕入れ、会議のテーマを決め、事前に検討資料を送り、議事録を取り、会議終了後は決定事項と未決定事項、および、未決定事項を決定するための手順・スケジュールを提案したとします。

すると、どうなるでしょう？

もちろん、「この人はなんて仕事ができる人なんだ！」と感激してくださる方もいらっしゃいます。

しかし、必ずしもそういう人ばかりではありません。

「なんか、うちのやり方じゃないよね」
「そんなにちゃんとしてどうするの？」
「ほかにやるべき仕事があるでしょう」

などと言われる可能性も多分にあるのです。

実際、新しい仕事術や仕事のスタイルを導入しようとしたのに、社内のムードに押されてウヤムヤになってしまうことがよくあります。

ウヤムヤになるならまだいいですが、露骨に煙たがられることもあります。

効率を上げたいのであれば、今までのやり方をやみくもに批判するのは得策ではありません。

◆意図的に「まじめにやる」戦略

さて、愚直にやることのもう一つの大きなメリットは、「**まじめにやっていると怒られにくい**」ということです。

「怒られるのなんて平気。業績を上げることだけにひたすら集中したい」というのなら茨の道を進むしかないでしょう。

「怒られるのはチョット……」と思うなら、「効率をよくする仕事術」を実行するより、「まじめにやる戦略」で押したほうがよいかもしれません。

一つの仕事をして失敗したとき、愚直にやった場合と効率よくやった場合、どちらが怒られやすいかというと、圧倒的に後者です。

なぜなら、新しい仕事術に怯《おび》える年配の方は、少なからずいるものだからです。今までやってきた仕事のスタイルがまったく通用しないとなると、もはや会社にとって自分は無用な存在であるということにもなりかねないので、チェックの目も厳しくなるのです。

効率のよい仕事術を取り入れて失敗した場合。そのミスは、普通のやり方でやったときのミスよりも取り沙汰《ざた》されやすくなります。

どうしても効率化したい場合にのみ取り入れるか、ひそかに取り入れるかにするのが安全です。

社内のムードに則《のっと》った仕事のやり方で、あえて愚直に進めるのが好印象です。

たとえ失敗しても「まじめにやっているのはわかるけど……」などの枕詞をつけて怒られるため、頭ごなしに怒られるよりもショックが軽減されます。

「まじめに仕事をする」というのは、一見するとライフハックや仕事術とはほど遠く見えますが、このように角度を変えてみると、非常に有効なテクニックであるとも言えるのです。

何も考えずに愚直にやるのは単なる不器用ですが、「意図的にまじめにやる」のは非常に効果的です。

一見遠回りなようで、実は近道なのです。

〈了〉

本書は、翔泳社より刊行された『クビにならない日本語』を、文庫収録にあたり加筆・改筆・再編集のうえ、改題したものです。

ずるい話《はな》し方《かた》

著者　ココロ社（こころしゃ）
発行者　押鐘太陽
発行所　株式会社三笠書房
〒102-0072 東京都千代田区飯田橋3-3-1
電話　03-5226-5734（営業部）03-5226-5731（編集部）
https://www.mikasashobo.co.jp
印刷　誠宏印刷
製本　ナショナル製本

 ISBN978-4-8379-3074-7 C0130

王様文庫

王様文庫

いちいち気にしない心が手に入る本

内藤誼人

対人心理学のスペシャリストが教える「何があっても受け流せる」心理学。◎「マイナスの感情」をはびこらせない　◎〝胸を張る〟だけで、こんなに変わる　◎「自分だって捨てたもんじゃない」と思うコツ……etc.「心を変える」方法をマスターできる本！

気くばりがうまい人のものの言い方

山﨑武也

「ちょっとした言葉の違い」を人は敏感に感じとる。だから……　◎自分のことは「過小評価」、相手のことは「過大評価」　◎「ためになる話」に「ほっとする話」をブレンドする　◎「なるほど」と「さすが」の大きな役割　◎「ノーコメント」でさえ心の中がわかる

使えば使うほど好かれる言葉

川上徹也

たとえば、「いつもありがとう」と言われたら誰もがうれしい！　◎会ったあとのお礼メールで⇩次の機会も「心待ちにしています」　◎お断りするにも⇩「あいにく」先約がありまして……人気コピーライターがおしえる「気持ちのいい人間関係」をつくる100語。

K30648